초등교과서 관련 단원

봄　 1-1, 1-2, 2-1, 2-2
여름 1-1, 1-2, 2-1, 2-2
가을 1-1, 1-2, 2-1, 2-2
겨울 1-1, 1-2, 2-1, 2-2
국어 2-2(가)
　　 4. 어떻게 정리할까요-고래가 물을 뿜어요
국어활동 2-2(가)
　　 1. 생각을 나타내어요-갯벌이 좋아요

재미공부 01
과학이 궁금해?

1판 1쇄 인쇄 | 2016년 12월 7일
1판 1쇄 발행 | 2016년 12월 15일

지은이 | 재미과학
그린이 | 조혜진
펴낸이 | 이상배
펴낸곳 | 좋은꿈
마케팅 | 이주항
디자인 | 김수연

등록 | 제396-2005-000060
주소 | 경기도 고양시 일산동구 장백로 26, 103동 508호
　　　(백석동, 동문굿모닝힐 1차) (우)10449
전화 | 031-903-7684 팩스 | 031-813-7683
전자우편 | leebook77@hanmail.net

ⓒ 재미과학, 조혜진, 좋은꿈 2016

ISBN 979-11-85903-28-6　73400

> 이 도서의 국립중앙도서관 출판예정도서목록(CIP)은 서지정보유통지원시스템 홈페이지(http://seoji.nl.go.kr)와 국가자료공동목록시스템(http://www.nl.go.kr/kolisnet)에서 이용하실 수 있습니다.(CIP제어번호: CIP2016027465)

블로그・네이버 | www.joeunkoom.com

＊좋은꿈-통권 37-2016-제10권

- 책값은 뒤표지에 있습니다.
- 저작인과의 협약에 따라 검인지를 붙이지 않습니다.
- 잘못 만들어진 책은 구입한 서점에서 바꾸어 드립니다.
- 책 내용의 일부 또는 전체를 인용하거나 다시 쓰려면
  반드시 출판사와 저작인의 허락을 얻어야 합니다.

어린이제품안전특별법에 의한 제품 표시
제조자명 좋은꿈 | **제조년월** 2016년 12월 | **제조국** 대한민국 | **사용연령** 8세 이상

과학이 궁금해?

재미과학 글 | 조혜진 그림

 책머리에

재미가 솔솔!
150가지 교과서 속 과학 이야기

교과서에 어떤 과학이 숨어 있을까요?
봄, 여름, 가을, 겨울 통합 교과서 속 과학 이야기를 들춰 볼까요?
봄이 되니 황사와 꽃샘추위를 조심해야 한대요. 여름에는 식중독과 냉방병 이야기가 나오네요.
가을에는 곡식의 수확과 씨앗을 관찰해요. 겨울이 되니 동물들의 겨울나기에 대해 나오네요.
봄, 여름, 가을, 겨울 우리가 볼 수 있는 식물부터 동물까지, 계절의 변화에 따른 우리의 생활 모습까지 모두 담고 있지요.
〈과학이 궁금해?〉는 저학년 교과서 속 과학을 재미있는 이야기로 만나 보는 책이에요.
단풍은 왜 드는 걸까?

소나무도 단풍이 들까?
움직이지 못하는 식물이 어떻게 씨앗을 퍼뜨리는 걸까?
사슴벌레는 왜 씨름을 하는 걸까?
동물들은 겨울을 어떻게 보낼까?
고래도 콧구멍이 있을까?
정전기는 왜 생기고, 천둥 번개는 왜 치는 걸까?
군침은 왜 돌고 하품은 왜 나오는 걸까?
코끼리 피부는 두꺼운데 달팽이 피부는 왜 얇을까?
식물, 동물, 날씨와 생활, 인체 등 저학년 교과서에서 뽑은
150가지 질문에 대해 궁금증을 풀어 줍니다.

지은이
재미과학

 차례

식물 과학

꿀도 있고, 독도 있는 재미난 식물 이야기

★ 흙 이불, 똥 이불
씨앗은 어떻게 자랄까? 16

★ 날고, 붙고, 터트리고
씨앗을 어떻게 퍼트리지? 19

★ 재미 톡톡 과학 퀴즈
씨앗으로 번식하지 않는 식물은? 25

★ 후드득, 씨앗 내기 해 보자
씨앗 개수는 모두 같을까? 22

★ 햇살 한 그릇 주세요
식물은 무얼 먹고 살까? 26

★ 달콤달콤 단물이 드네
열매는 어떻게 익어 갈까? 29

★ 재미 톡톡 과학 퀴즈
광합성과 관계 없는 물질은? 35

★ 광릉요강꽃아 가지 마
사라져 가는 식물에는 무엇이 있을까? 32

★ 알록달록 단풍이 드네
가을이 되면 왜 나뭇잎 색깔이 변할까? 36

★ 겨울이 되면 나무들은 왜 옷을 벗을까
식물들의 겨울나기 39

★ 재미 톡톡 과학 퀴즈
잎보다 먼저 꽃을 피우는 식물은? 42

동물 과학

꿀똥도 좋고, 도토리도 좋은 동물 이야기

★ 으라차차, 기지개를 켜고
봄을 알리는 동물은 무엇일까? 44

★ 곤충들의 천국
여름에 볼 수 있는 곤충은 무엇일까? 47

★ 곤충들의 음악회
가을에 볼 수 있는 곤충은 무엇일까? 50

★ 재미 톡톡 과학 퀴즈
흙을 쌓아 올린 흙집은 누구의 집일까? 53

★ 사슴벌레의 짝짓기
사슴벌레는 왜 씨름을 할까? 54

★ 곤충들의 위험한 생활
사라져 가는 곤충에는 무엇이 있을까? 57

★ 고래의 숨쉬기
고래는 왜 물을 뿜을까? 60

★ 재미 톡톡 과학 퀴즈
세상에서 알을 가장 많이 낳는 것은? 63

★ 고래의 울음소리
고래고래, 소리로 말해요 64

★ 갯벌에 사는 동물들
갯벌에는 무엇이 살까? 67

★ **곤충들의 겨울나기**
  곤충들은 겨울을 어떻게 보낼까? 70

★ **재미 톡톡 과학 퀴즈**
  꼬리로 숨을 쉬는 곤충은 무엇일까? 73

★ **동물들의 겨울나기**
  동물들은 겨울을 어떻게 보낼까? 74

★ **물고기의 겨울나기**
  물고기는 겨울을 어떻게 보낼까? 77

★ **재미 톡톡 과학 퀴즈**
  달콤한 냄새로 먹이를 유혹하는 곤충은 무엇일까? 80

날씨와 생활 과학
하늘 전등이 번쩍이는 날씨와 생활 이야기

★ **신기한 날씨**
  비는 어떻게 생기는 걸까? 82

★ **신비한 날씨**
  눈은 왜 내릴까? 85

★ **우르릉 쾅쾅, 번쩍번쩍**
  천둥과 번개는 왜 칠까? 88

★ **재미 톡톡 과학 퀴즈**
  무지개는 어느 쪽에 생길까? 91

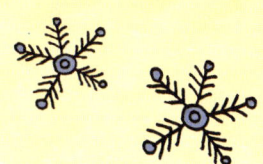

★ 바람아, 멈추어 다오
　바람은 누가 일으키는 걸까? **92**

★ 콜록콜록, 먼지가 무서워
　봄철 질병에는 무엇이 있을까? **95**

★ 쿵쿵, 먹어도 될까
　식중독을 조심해야 해! **98**

★ 재미 톡톡 과학 퀴즈
　5대 영양소가 아닌 것은? **101**

★ 더워, 추워
　냉방병과 일사병이 뭐지? **102**

★ 아침저녁은 춥고, 낮에는 덥고
　일교차는 뭘까? **105**

★ 내 몸에도 전기가 통할까
　겨울이 되면 왜 정전기가 많이 날까? **108**

★ 재미 톡톡 과학 퀴즈
　체감 온도와 관계 없는 것은? **111**

★ 오줌싸개가 된 걸까
　겨울이 되면 왜 자주 소변이 마려울까? **112**

인체 과학
군침 돌고, 방귀 뀌는 인체 이야기

★ 끔뻑, 눈 깜짝할 새
눈은 어떻게 사물을 알아볼까? **116**

★ 코가 없으면 맛을 제대로 느낄 수 없다고
코는 어떻게 냄새를 맡을까? **119**

★ 아삭아삭, 오독오독, 사각사각
입은 어떻게 음식을 씹고 맛을 볼까? **122**

★ 재미 톡톡 과학 퀴즈
손톱은 1년에 얼마나 자랄까? **125**

★ 귓속에 달팽이
귀는 어떻게 소리를 들을까? **126**

★ 흐물흐물 달리기가 뭐야
우리 몸에 뼈가 없으면 어떻게 될까? **129**

★ 입이 있어도 말을 못 한다고
근육은 무슨 일을 할까? **132**

★ 재미 톡톡 과학 퀴즈
머리카락은 한 달에 얼마나 자랄까? **135**

★ 피부 갑옷이 뭐지
피부는 무슨 역할을 할까? **136**

★ 게으름뱅이도 숨쉬기 운동은 멈출 수 없어
　우리는 어떻게 숨을 쉴까? 139

★ 심장은 잠잘 때도 뛸까
　심장은 무슨 일을 할까? 142

★ 재미 톡톡 과학 퀴즈
　눈 깜짝할 새는 대략 몇 초일까? 145

★ 뇌가 대장이라고
　뇌는 무슨 일을 할까? 146

★ 오물오물 뿌웅
　음식물은 어떻게 똥으로 나올까? 149

★ 더 궁금한 과학 상식 57가지 152

★ 재미 톡톡 과학 퀴즈 정답 164

식물 과학
꿀도 있고, 독도 있는 재미난 식물 이야기

식물은 어떻게 자랄까요?
식물은 입도 없고 이빨도 없습니다.
동물처럼 움직일 수도 없지요.
식물은 푸른 숲을 이루면서 곤충과
동물의 먹이가 되지요. 식물은 움직일 수 없기
때문에 곤충과 동물 들이 식물의 움직임을 도와줘요.
어떻게 도와주는지 궁금하지요?
식물의 작은 씨앗이 어떤 과정을 거쳐 싹을 틔우는지
무얼 먹고 그렇게 맛좋은 열매를 만드는지
추운 겨울을 어떻게 이겨 내는지
신비로운 식물의 이야기를 시작할게요.

흙 이불, 똥 이불
씨앗은 어떻게 자랄까?

키 큰 나무도, 키 작은 풀도 작은 씨앗에서 시작했어요.

씨앗은 똥 이불 속에서, 흙 이불 속에서 자랄 준비를 하지요.

"쿵쿵. 쿵쿵!"

먹성 좋은 멧돼지가 쿵쿵거리며 먹이를 찾아 나섭니다.

"이놈의 멧돼지. 수박밭이 엉망이 되었잖아!"

먹성 좋은 멧돼지는 수박도 우걱우걱, 감자도 와작와작 잘도 먹지요.

"여기도 있네. 저기도 있고!"

부지런한 다람쥐는 볼이 터지도록 입안 가득 도토리를 모읍니다.

"여기에 묻으면 아무도 모르겠지!"

다람쥐가 도토리를 땅속에 파묻습니다. 그러고는 다시 도토리를 구하러 갑니다. 먹이를 구하기 힘든 긴긴 겨울을 나려면 부지런히 도토리를 모아야 하거든요.

"어디 있지? 어디 있더라?"

다람쥐는 때로 땅에 묻어 놓은 도토리를 못 찾기도 하지요. 다람쥐가 찾지 못한 땅속의 도토리는 흙 이불을 덮고 겨울잠을 잡니다. 그리고 봄이 되면 "안녕!" 하고 싹을 틔우지요.

뿌지직 뿌웅!

똥 이불 덮고 잠을 자는 친구도 있어요. 멧돼지가 먹은 수박 씨앗은 멧돼지 똥 속에서 잠을 자다 싹을 틔우기도 합니다.

"킁킁."

걱정 말아요. 똥 냄새는 하나도 안 나니까요.

잠에서 깨어난 씨앗은 뿌리를 내리고 싹을 틔워요. 그리고 잎이 나고 꽃이 피고, 열매를 맺어요. 열매 속에는 새로 뿌리를 내리고 싹을 틔워 줄 씨앗이 숨어 있지요.

 식물 화석에서 꽃이 핀다고?

씨앗은 작고 보잘것없어 보이지만 의외로 강해요. 먹이가 되어도 소화되지 않고 똥으로 나와 싹을 틔우잖아요. 이스라엘에서는 2,000년 전 식물 화석인 야자 씨로 싹을 틔웠어요. 중국에서는 1,400년 전 연꽃 화석으로 꽃을 피우기도 했지요. 보통 씨앗들은 이처럼 오래 살아남지 못하지만, 그래도 싹을 틔우기 위해 기온과 습도 등 알맞은 조건이 될 때까지 추운 겨울에도 죽지 않고 땅속에서 잘 버티고 있답니다.

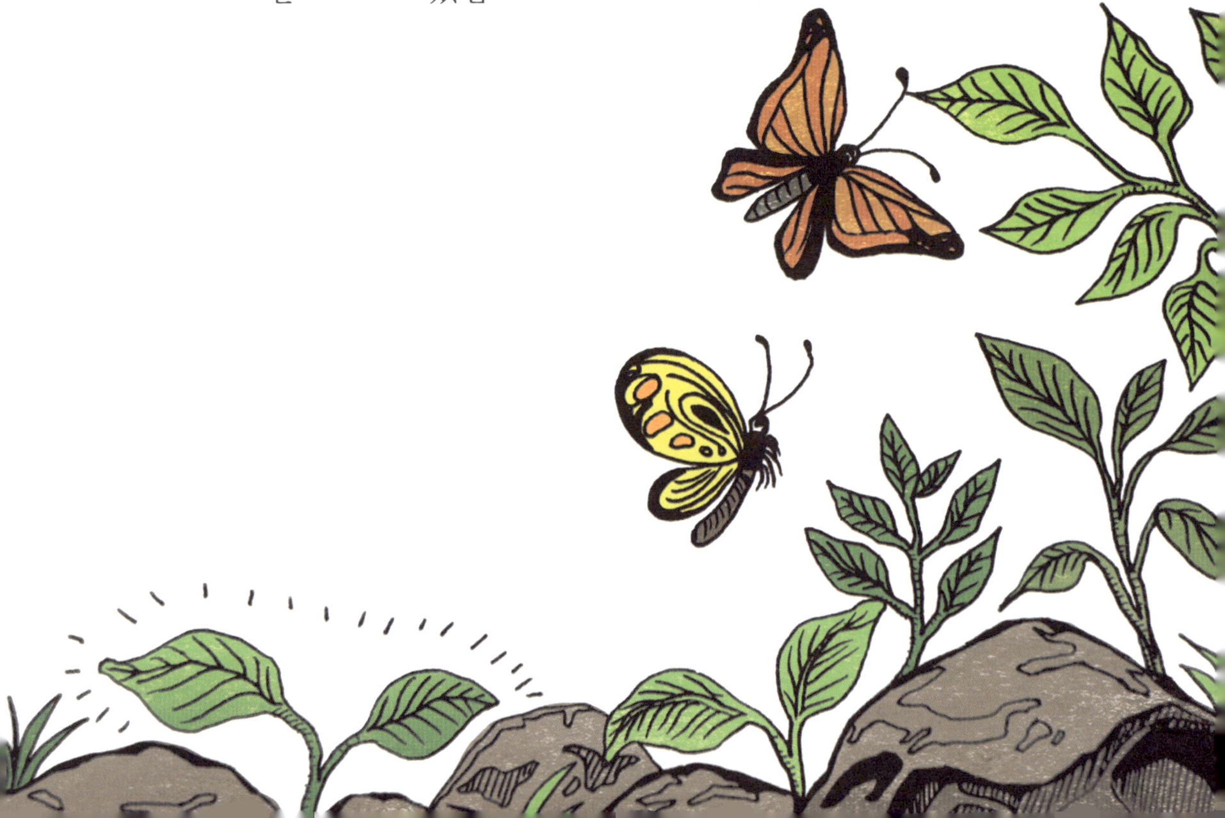

날고, 붙고, 터트리고
씨앗을 어떻게 퍼트리지?

식물도 이동을 할까요?

동물처럼 걷지도, 기지도, 날지도 못하는데 어떻게 널리 퍼져 살 수 있을까요?

"앗, 따가워!"

아기 멧돼지가 어디가 아픈지 소란이에요.

"미안해! 어쩔 수 없었어."

도깨비바늘이 아기 멧돼지에게 미안해했어요.

"못된 도둑놈까시."

엄마 멧돼지가 도깨비바늘을 노려봤어요. 도깨비바늘은 속상했어요.

"나도 민들레처럼 바람에 씨앗을 날리면 얼마나 좋을까. 그러면 도둑놈까시라는 소리는 듣지 않을 텐데."

씨앗이 가시에 덮여 있는 도깨비바늘은 동물들 몸에 몰래 씨앗을 붙여 이동시킨다고 도둑놈까시라는 별명

식물 과학 19

을 얻었지요.

 움직이지 못하는 식물들은 씨앗을 퍼트릴 갖가지 방법을 갖고 있어요.

 민들레는 솜털처럼 가벼운 씨앗을 바람에 날려요. 씨앗이 낙하산처럼 생겨서 바람을 따라 멀리 이동하지요.

 단풍나무는 씨앗 껍질이 날개 모양이에요. 프로펠러처럼 바람을 타고 뱅글뱅글 돌며 이동하지요.

 봉선화나 제비꽃은 씨앗주머니를 퐁 터뜨려 씨앗이 최대한 멀리 이동할 수 있게 만들지요.

 "개미야, 내 씨앗을 잘 심어 줘!"

 제비꽃은 개미들이 좋아하는 엘라이오솜이라는 물질로 씨앗을 감싸 개미들이 물고 갈 수 있게 만들어요.

 젤리처럼 말캉한 엘라이오솜을 먹고 나면 개미들은 제비꽃 씨앗을 개미굴 쓰레기장에 버려요.

 그러면 이듬해 "안녕!" 하고 개미굴 근처에서 제비꽃이 피어난답니다.

호기심 톡톡

땅콩이 농부라고?

식물들은 씨앗을 날리거나, 동물의 먹이가 되거나, 동물 몸에 붙이거나 해서 씨앗을 이동시켜요. 하지만 이동하지 않고 스스로 농부가 되어 씨앗을 심는 식물도 있지요. 땅콩은 꽃에 수정이 일어나면 꽃대가 휘어지면서 땅속으로 파고 들어가 씨를 심어 열매를 맺어요. 땅속의 씨방이 커지면서 누에고치 모양의 꼬투리가 되고 그 안에서 열매가 자라지요.

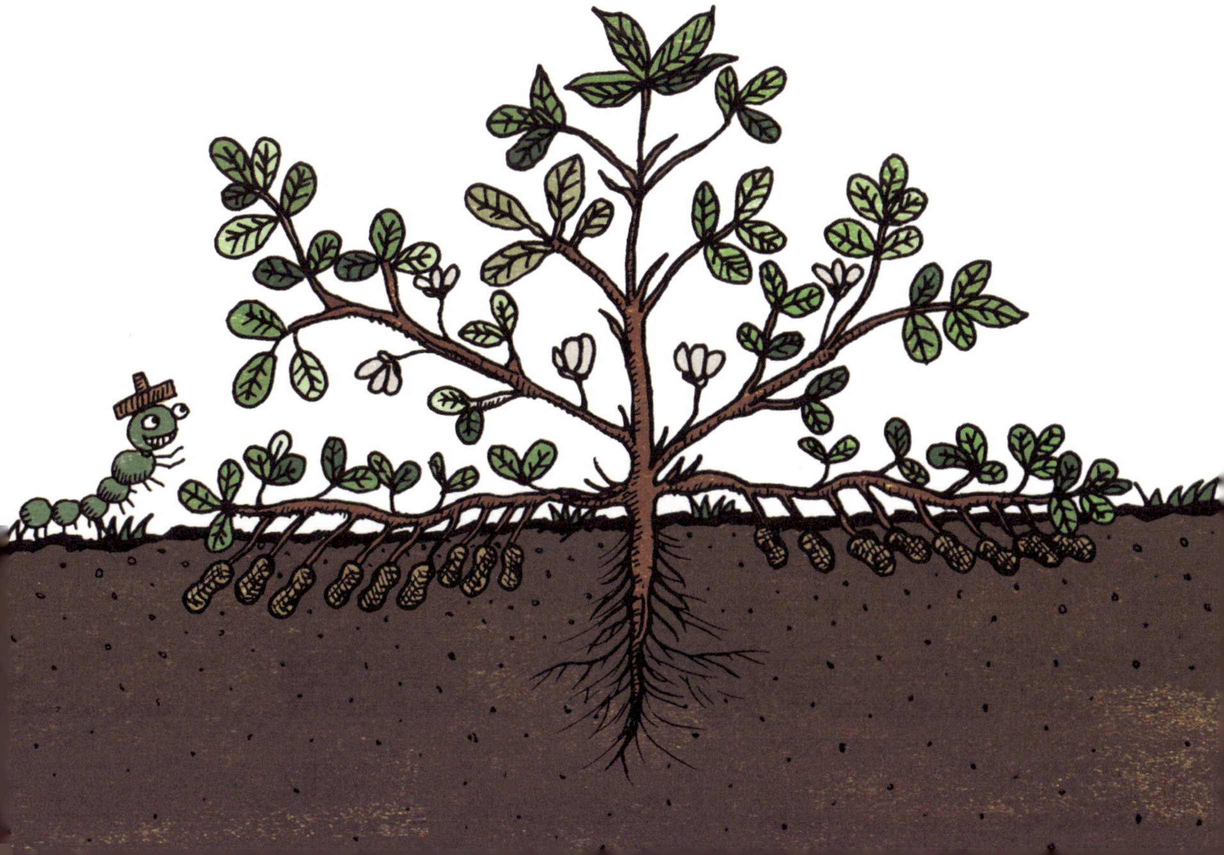

후드득, 씨앗 내기 해 보자
씨앗 개수는 모두 같을까?

씨앗 내기를 하면 누가 이길까요?
"씨앗 내기라면 내가 이기지!"
빨간 딸기가 으스대며 말해요.
"씨앗은 나도 많거든!"
옥수수가 수염을 날리며 말해요.
"나를 빼놓으면 안 되지!"
수박이 까만 씨들을 내보이며 말해요.
"흥. 씨앗이 여러 개 있으면 뭐 해? 튼튼한 씨앗 하나만 있으면 되지."
복숭아가 당당하게 말해요.
그러고 보니 씨앗 개수가 모두 달라요. 생김새도 다르고, 씨앗이 있는 곳도 달라요. 왜 그럴까요?
껍질이 없는 딸기는 씨앗이 과육 바깥에 있어요. 옥수수는 알갱이 하나하나에 씨앗이 있고, 수박은 껍질

속 빨간 과육 안에 촘촘히 박혀 있지요.

　복숭아는 씨앗이 단단한 껍데기 안에 숨어 있어요. 껍데기가 하도 단단해서 맨손으로는 열 수 없지요. 마치 호두처럼 생겼어요.

　왜 옥수수는 씨가 많고, 복숭아는 씨가 하나밖에 없을까요?

　식물이 꽃을 피우고 열매를 맺는 이유는 씨앗을 퍼뜨리기 위해서예요.

　옥수수 같은 식물은 단단한 껍질도 없고, 높은 나무에 달리지도 않기 때문에 동물들의 먹이가 되기 쉬워요. 때문에 최대한 많은 씨앗을 만들어 그중 하나라도 살려 내려고 하지요.

　복숭아는 나무에 달리고 단단한 껍데기 속에 씨앗이 있어요. 동물들이 복숭아 과육을 먹어도 단단한 껍데기 속에 있는 씨앗까지 먹지는 못해요. 비바람에 복숭아가 떨어져 과육이 상한다고 해도 씨앗은 다치지 않지요. 때문에 씨앗이 하나만 있어도 되는 거예요.

씨앗 속에 무엇이 들어 있지?

씨앗 속에 무엇이 들어 있기에 맛좋은 과일을 만들어 내는 걸까요?

씨앗은 보통 씨껍질, 배, 배젖으로 이루어져 있어요. 씨껍질 속에 배와 배젖이 들어 있는데 배는 떡잎과 줄기 같은 식물체가 될 부분이고, 배젖은 양분을 저장하는 공간이에요. 배에서 떡잎이 나올 때 양분을 공급해 주지요. 하지만 배젖이 없는 것도 있어요. 배가 만들어지기 전에 녹말이나 지방, 단백질 같은 양분이 만들어져 떡잎에 양분이 저장되는 경우예요. 그래서 떡잎이 두툼하게 살이 올라요. 콩이나 밤처럼 말예요.

● 배젖
● 배

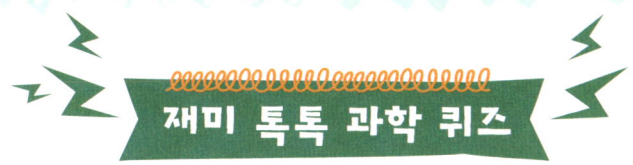

재미 톡톡 과학 퀴즈

*안전하게 사다리를 타면 답을 찾을 수 있어요.

씨앗으로 번식하지 않는 식물은?

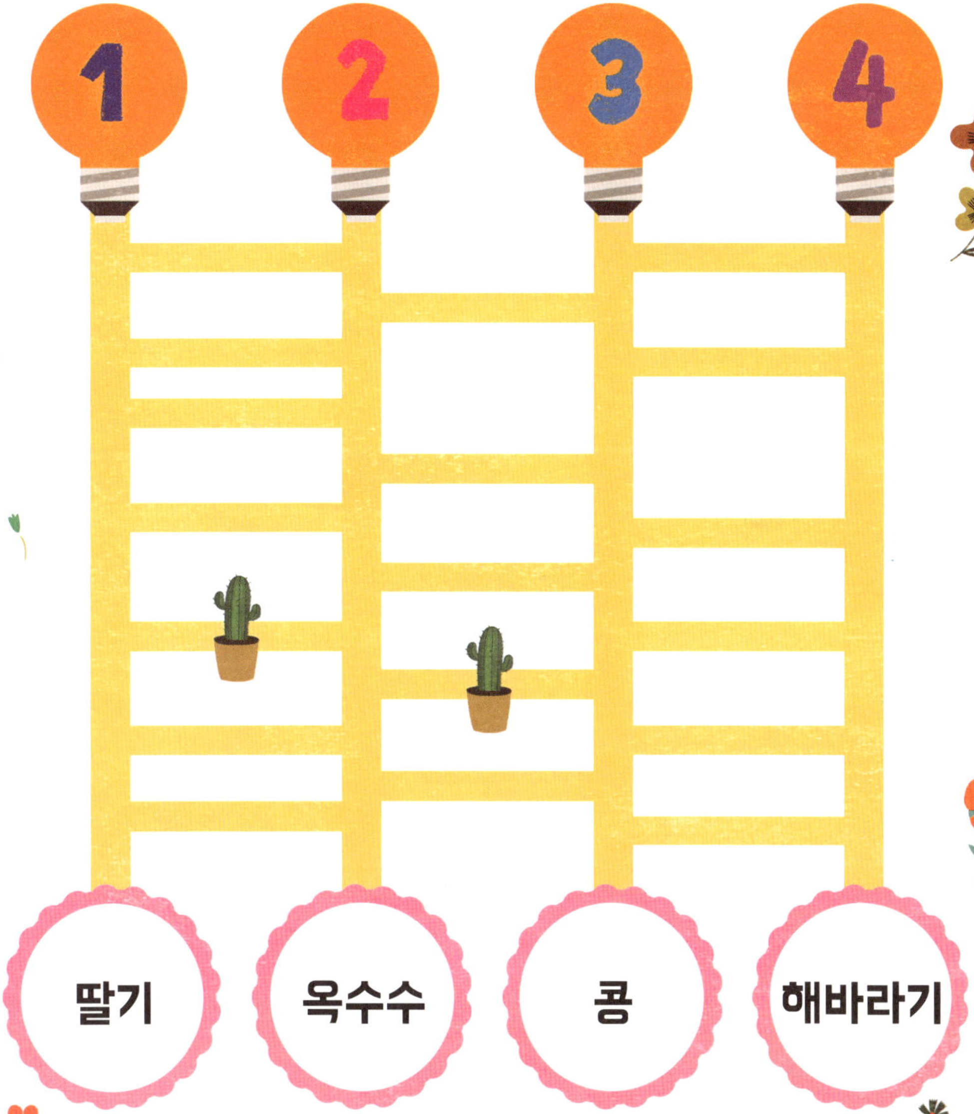

1 2 3 4

딸기 옥수수 콩 해바라기

햇살 한 그릇 주세요
식물은 무얼 먹고 살까?

"먹구름님, 햇살 한 그릇 담아 갈게요."
나무가 하늘에 잔뜩 낀 먹구름을 보고 말해요.
"비를 내려 주는 내가 고맙지 않니?"
"비는 잔뜩 먹었거든요. 벌써 이틀째 장마잖아요."
"맞아요. 햇살 한 그릇만 주세요."
나무들은 며칠째 해를 가리고 있는 먹구름이 원망스러웠어요.
그도 그럴 것이 나무들은 해가 없으면 살 수가 없거든요.
"알았어. 다음에 또 보자."
먹구름이 서서히 물러갔어요. 마침내 눈부신 햇살이 쏟아져 내렸지요.
비에 젖은 나무들은 잎을 활짝 펴고 햇살을 담기 시작했어요.

"아, 맛있다!"

나무와 풀 들은 잎을 통해 광합성을 해요.

식물의 잎에는 엽록소가 있어요. 엽록소는 초록색 색소로, 햇빛 에너지를 모으는 역할을 하지요.

"목마르지? 내가 물을 줄게."

뿌리는 땅속에서 물을 빨아들여요. 빨아들인 물을 줄기를 통해 잎으로 전달하고, 잎은 공기 중의 이산화탄소를 빨아들여요.

"냠냠, 맛있다."

잎이 햇빛 에너지를 모아 물과 이산화탄소를 이용해 양분을 만들어요. 이것을 광합성이라고 해요.

우리가 전기에너지나 불 에너지로 맛있는 요리를 해 먹듯이, 식물은 햇빛 에너지로 물과 이산화탄소를 이용해 맛있는 양분을 만들어 내는 것이지요.

향긋한 꽃을 만들고, 쭉쭉 뻗은 줄기와 가지도 만들고, 뿌리도 더욱 튼튼하게 만들고, 새콤하고 달콤한 열매도 만들어요. 식물들은 광합성으로 얻은 양분으로 달콤한 당 성분도 만들고, 지방·단백질·비타민 같은 성장에 필요한 각종 영양분을 만들거든요.

숲은 산소 공장이에요

식물이 햇빛 에너지로 물과 이산화탄소를 이용해 영양분을 만드는 것을 광합성이라고 해요. 이때 식물은 산소를 내보내요. 광합성을 하면 양분뿐 아니라 산소도 함께 만들어지거든요. 열심히 광합성을 하느라 산소가 많이 만들어져 호흡에 필요한 산소만 흡수하고 나머지는 모두 내보내는 것이지요. 하지만 밤에는 햇빛이 없어서 산소가 만들어지지 않아요. 때문에 밤에는 산소를 빨아들이고 이산화탄소를 내보내지요.

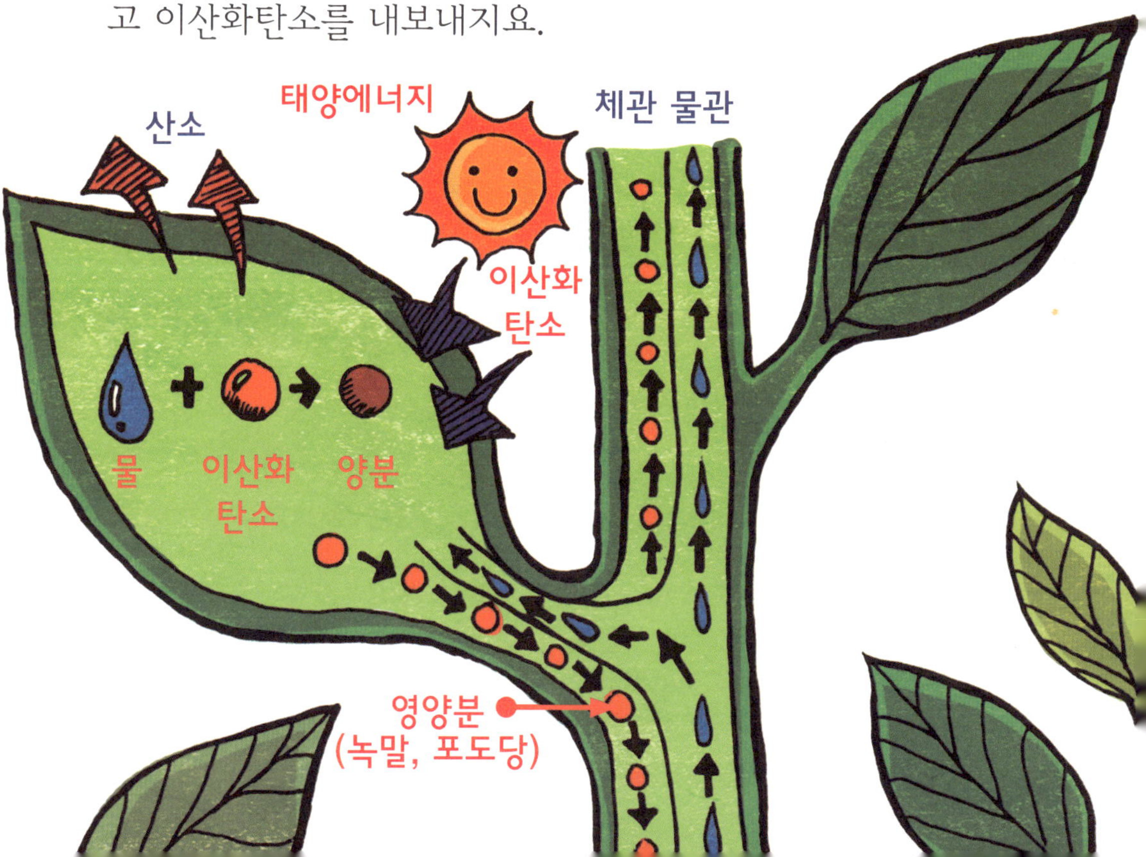

달콤달콤 단물이 드네
열매는 어떻게 익어 갈까?

가을이 되면 사과나무에 빨간 사과가 주렁주렁 열려요.

사과나무는 어떻게 사과를 키울까요?

가을이 지나면 사과나무는 잎을 모두 떨구고 추운 겨울을 맞아요.

하얀 눈 이불을 덮고 겨울을 보내지요.

"개굴개굴."

봄이 되면 나뭇잎 하나 없던 사과나무에 초록 새싹이 돋아요.

싹이 돋으면 붉고 예쁜 사과꽃이 피지요.

붉던 사과꽃은 점점 하얗게 변해요.

"꿀벌아, 안녕!"

윙윙.

꿀벌이 찾아와 사과꽃에서 꿀을 따요.

"벌아, 고마워!"

꿀벌이 꿀을 모을 때 꿀벌의 다리에 꽃가루가 잔뜩 묻어요. 꿀벌은 많은 꿀을 모으기 위해 이 꽃 저 꽃 옮겨 다녀요. 이때 사과꽃에 수정이 돼요.

"안녕!"

수정된 사과꽃이 지고 나면 그 자리에 작고 동그란 사과가 열려요.

쨍쨍.

초록 구슬 같은 사과는 따스한 햇볕을 받고 무럭무럭 자라요. 알알이 커진 사과는 색깔도 점점 붉어져요.

사각사각.

가을이 되면 맛있게 익은 사과를 맛볼 수 있어요.

사과뿐 아니라 배, 감, 밤, 대추 등 많은 과일나무들이 비슷한 과정으로 열매를 맺어요.

봄에 꽃과 잎이 돋으면 꽃이 진 자리에 열매를 맺고, 여름 햇볕에 열매를 키워 가을이 되면 잘 익은 열매를 만날 수 있어요.

버섯이 식물이 아니라고?

나물로 만들어 먹는 버섯. 그런데 버섯이 식물이 아니래요. 그럼 동물일까요? 동물도 아니에요. 버섯은 잎도 없고, 뿌리도 없어요. 때문에 식물들이 양분을 만드는 광합성을 못 하지요. 버섯은 균류예요. 나무나 동물의 시체 등에 달라붙어 양분을 얻지요. 예를 들면 송이버섯은 소나무에 달라붙어 양분을 얻고, 동충하초는 곤충에 붙어 양분을 얻는답니다.

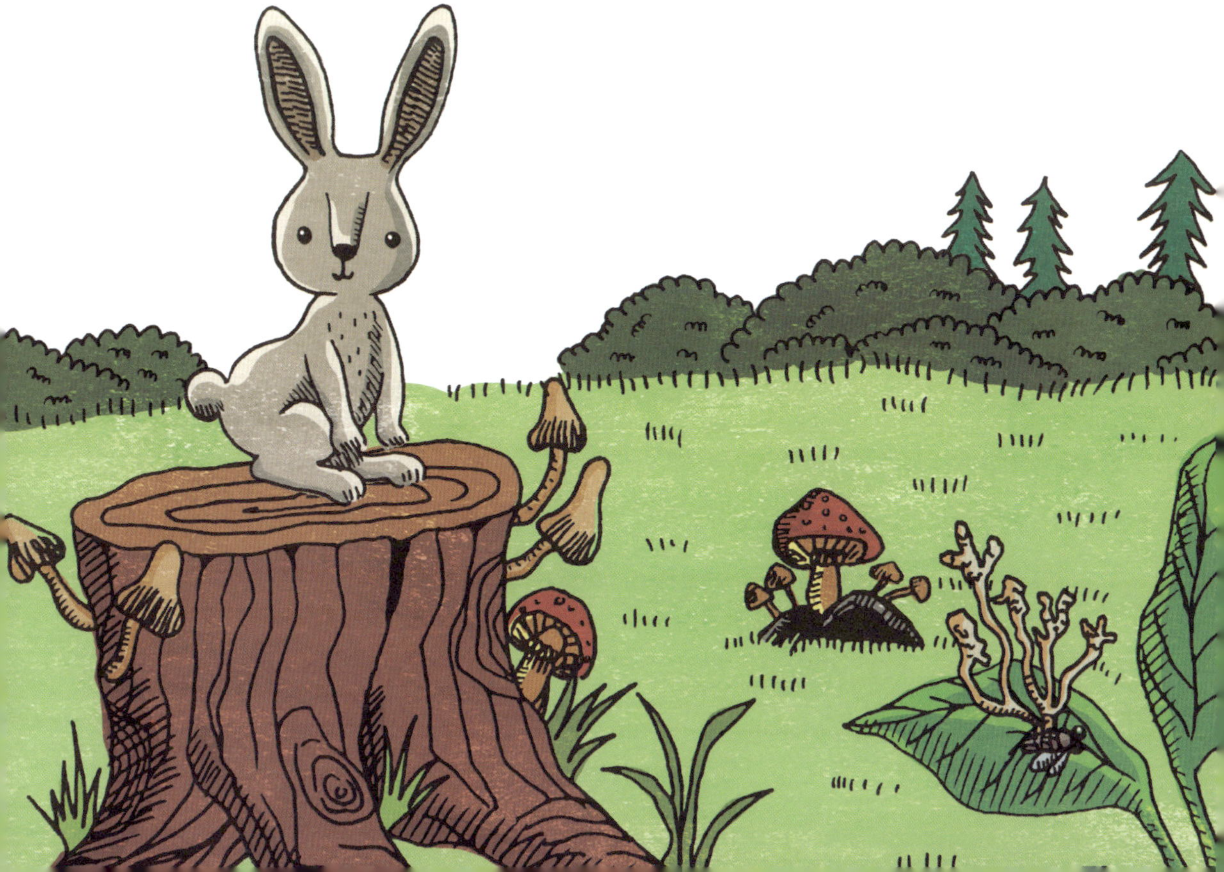

광릉요강꽃아 가지 마
사라져 가는 식물에는 무엇이 있을까?

광릉요강꽃이라고 들어 본 적 있나요?

참 재미난 이름이지요? 어쩌다 오줌 싸는 그릇인 요강이라는 이름이 붙었을까요?

광릉요강꽃은 잎도 크고 꽃도 예뻐요.

"윽, 지린내."

그런데 뿌리에서 지린내가 나요. 그래서 이름이 요강꽃이에요. 광릉 지역에서 처음 발견하여 광릉요강꽃이라고 이름 붙여졌지요.

그런데 광릉요강꽃이 사라지려 하고 있어요. 왜 그럴까요?

"어머, 예쁘다!"

꽃이 예쁘다고 사람들이 함부로 캐 갔지요.

"이곳에 리조트를 세울까?"

나무가 베어지고, 도로가 나고 산림이 훼손되면서

광릉요강꽃은 서식지를 잃어 가고 있어요.

"나도 지켜 줘!"

복주머니를 닮은 복주머니난도 멸종위기식물이에요.

제주도에 살고 있는 풍란도 마찬가지예요. 한란, 나도풍란, 제비동자꽃, 큰바늘꽃, 칠보치마, 대청부채, 층층둥글레, 단양쑥부쟁이, 닻꽃, 애기송이풀, 해오라비난초 등 많은 식물들이 멸종 위기를 맞고 있어요.

야생에 살고 있는 이런 식물들은 서식지를 떠나면 살 수 없어요.

"여기는 좀 더운 것 같아."

"여기는 추워."

"여기 흙은 너무 축축해."

야생 식물들은 기온, 습기, 함께 사는 동식물 등 자연환경에 민감하게 반응해요. 때문에 함부로 서식지를 옮기면 적응하지 못하고 쉽게 시들어 죽고 말지요.

"나는 여기가 좋아요. 나를 오래도록 보고 싶다면 데려가지 마시고, 보러 오세요!"

가시로 쏠까, 독을 묻힐까?

식물들은 위협이 와도 도망치지 못해요. 때문에 저마다의 방법으로 자신을 보호하지요. 장미, 엉겅퀴, 두릅, 산딸기 등은 가시로 자신을 보호해요. 주목, 수선화, 튤립, 쐐기풀, 까마중, 천남성 등 독을 가진 식물들도 있지요. 고약한 냄새로 동물의 접근을 막는 식물도 있어요. 대표적인 것이 은행나무 열매예요. 은행나무 열매를 밟으면 똥 냄새가 나는데, 이는 고약한 냄새로 씨앗을 보호하기 위해서예요. 은행의 고약한 냄새가 주변의 유충이나 바이러스, 곰팡이 등을 죽이거나 억제하는 효과가 있거든요.

재미 톡톡 과학 퀴즈

*안전하게 사다리를 타면 답을 찾을 수 있어요.

광합성과 관계 없는 물질은?

1　2　3　4

빛　흙　물　이산화탄소

알록달록 단풍이 드네
가을이 되면 왜 나뭇잎 색깔이 변할까?

"아이, 추워!"

나무들도 추운 것을 알까요?

나무들도 춥고 따뜻한 것을 알아요. 그 증거가 바로 아름다운 단풍이지요.

봄과 여름에는 날이 포근하고 따뜻해요. 햇빛이 쨍쨍하고, 해가 비치는 시간도 길지요. 이때 나뭇잎은 초록색이에요.

따뜻한 봄과 여름에 나뭇잎이 초록색을 띠는 이유는 엽록소 때문이에요.

나무들은 초록색을 만드는 엽록소와 빨간색을 만드는 안토시안, 노란색을 만드는 카로티노이드 같은 색소를 가지고 있어요.

"냠냠, 맛좋은 햇빛이다!"

해가 쨍쨍한 봄과 여름에는 햇빛을 이용해 광합성을

하느라 엽록소가 바쁘게 움직여요. 때문에 나뭇잎에 초록색을 만드는 엽록소가 가장 많지요.

"햇볕이 따사롭지 않아."

여름이 지나 가을이 다가오면 해가 비치는 시간이 점점 짧아지고, 햇살도 따사롭지 않아요.

날이 추워지면 나무들의 광합성 작용이 줄어들어요. 그러면 엽록소 활동도 줄면서 엽록소가 줄어들지요.

"나는 붉게 물들 거야!"

단풍잎은 안토시안이 많이 만들어져 붉게 물들어요.

"나는 노랗게 물들어야지!"

은행잎은 카로티노이드가 많아져 노랗게 변해요.

"나는 황갈색으로 변해야지!"

도토리를 가득 품은 참나무는 타닌을 이용해 황갈색으로 변신해요.

붉게, 노랗게, 황갈색으로 변하는 나무들은 새롭게 옷을 입은 것 같지만 사실 겨울나기를 준비하는 거예요.

나무들도 추운 겨울을 나려면 동물들처럼 많은 준비를 해야 하지요.

소나무는 왜 단풍이 안 드는 걸까?

소나무는 왜 사계절 푸를까요? 나무들이 단풍 드는 가을에도 소나무는 푸르러요. 소나무는 왜 단풍도 안 들고, 낙엽도 안 질까요?

소나무도 단풍이 들고, 낙엽이 져요. 가을이 되면 소나무에 새 잎이 돋아요. 그리고 묵은 잎들은 갈색으로 변해 떨어져요. 묵은 잎이 떨어져도 새 잎이 돋아났기 때문에 사계절 푸르러 보이는 거예요.

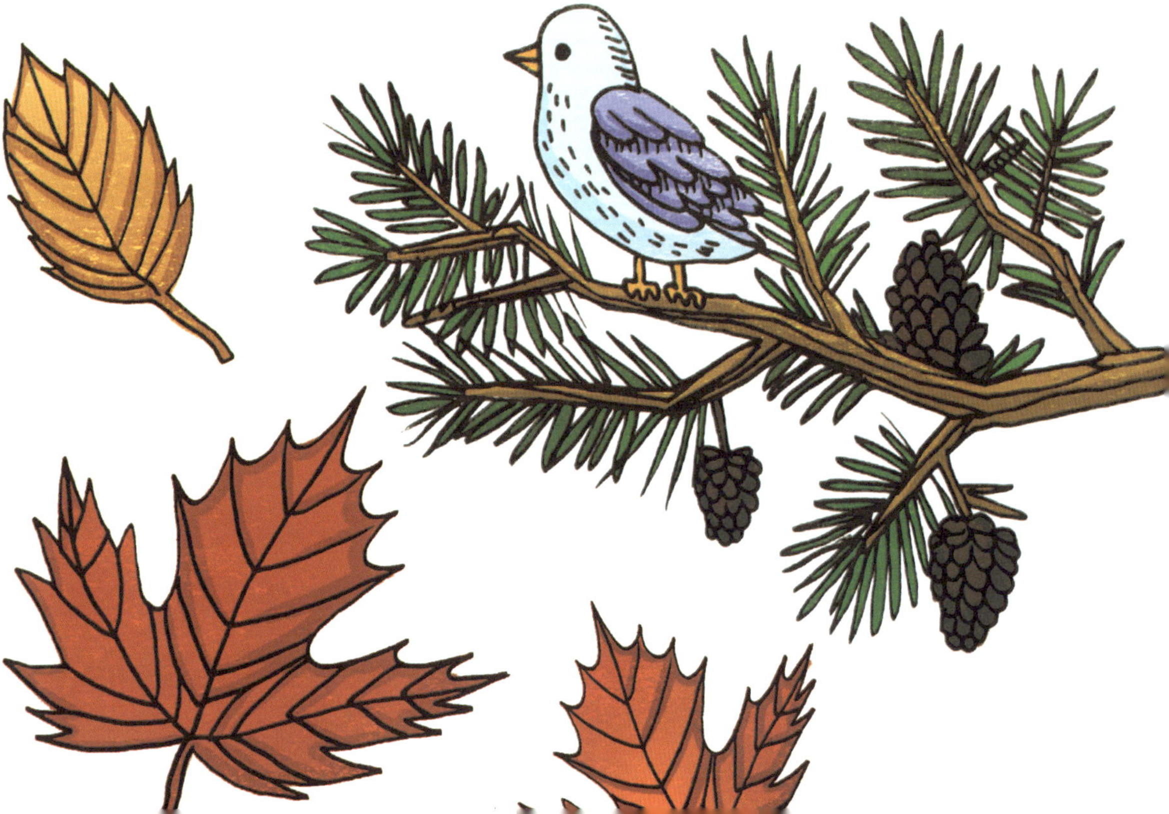

겨울이 되면 나무들은 왜 옷을 벗을까
식물들의 겨울나기

"쿨쿨."

나뭇잎을 모두 떨어뜨린 나무들에게서 코고는 소리가 들리지 않나요?

동물들이 겨울잠을 자듯, 식물들도 겨울이 되면 잠을 자듯 쉰답니다.

나무는 바람결에 잎을 떨어뜨려요. 남김 없이 팔랑팔랑 떨구지요.

"나무들아, 잎 좀 그만 떨궈. 내가 숨겨 놓은 도토리를 찾을 수가 없잖아."

다람쥐가 나무들에게 소리쳤어요.

"안 돼. 겨울을 나려면 잎을 빨리 떨어뜨려야 해."

"여름에는 이파리 안 다치게 조심하라더니."

"봄, 여름에는 잎이 광합성 작용을 해야 해서 잎이 많아야 했거든."

"그런데 지금은 왜 잎을 버리는 거야?"

"겨울에는 광합성 작용을 안 해도 되거든."

겨울이 되면 추위 때문에 땅이 꽁꽁 얼어요. 땅이 꽁꽁 얼면 식물 뿌리는 땅속에서 물을 빨아들이기 어려워지지요.

"나뭇잎들아, 그동안 수고 많았어."

물을 빨아들이기 어려워진 나무들은 물이 많이 필요한 나뭇잎을 떨어뜨려요.

"겨울눈아, 내년 봄에 예쁜 꽃과 잎을 피워 줘!"

나뭇잎을 모두 떨군 나무에는 겨울눈이 나 있어요.

겨울눈은 피지 않은 꽃봉오리같이 생겼어요. 겨울눈은 비늘 조각 같은 것이 여러 장 겹쳐 있어서 추위를 잘 견딜 수 있어요.

나뭇잎이 없으니 양분을 만들 수도 없고, 땅이 얼어 물을 빨아들이기도 힘든 겨울 동안 나무는 성장을 멈추고 마치 겨울잠을 자듯 조용히 쉰답니다.

 **너는 씨앗, 나는 뿌리**

식물들의 겨울나기는 제각기 달라요. 나팔꽃, 채송화, 분꽃, 코스모스 등은 잎과 줄기가 모두 말라 죽고 씨앗으로 겨울을 납니다.

튤립, 수선화, 글라디올러스 같은 식물들은 양파 같은 알뿌리로 겨울을 나지요.

잎과 뿌리로 겨울나기를 하는 식물도 있어요. 민들레, 냉이, 엉겅퀴 같은 식물들은 잎이 땅바닥에 붙어 겨울을 나요.

감자나 토란 같은 식물들은 땅속줄기로 겨울을 나요. 우리가 캐 먹는 감자나 토란이 땅속줄기이지요.

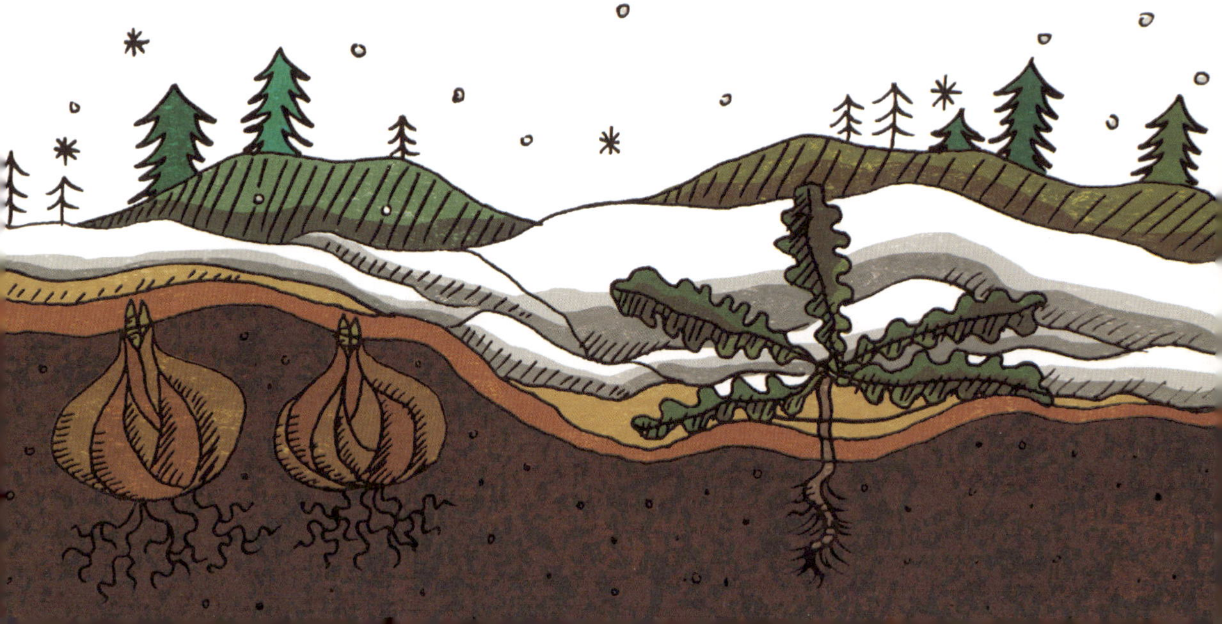

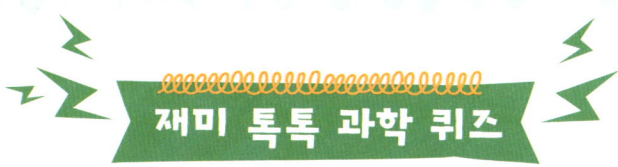

재미 톡톡 과학 퀴즈

*안전하게 사다리를 타면 답을 찾을 수 있어요.

잎보다 먼저 꽃을 피우는 식물은?

1　　2　　3　　4

장미　　연꽃　　개나리　　고추

동물 과학
꿀똥도 좋고, 도토리도 좋은 동물 이야기

여러분은 어떤 동물을 좋아하나요?
사람과 친근한 개나 고양이를 좋아하기도
하고, 사슴벌레나 쇠똥구리처럼 작고 귀여운
곤충을 좋아하기도 하지요. 동물들은 종류만큼
살아가는 방법도 다양해요. 쇠똥구리만 똥을
좋아하는 줄 알았는데 개미도 똥을 좋아하고,
매미만 시끄럽게 우는 줄 알았는데 많은 곤충들이
울어 대지요. 그렇다고 모든 곤충들이 우는 건 아니에요.
곰이나 다람쥐처럼 겨울잠을 자는 동물들도 정말 많아요.
바다에 사는 고래와 물고기가 살아가는
방법도 특별하지요. 사는 곳도 다르고 생김새도 정말
다른 동물들의 이야기를 시작할게요.

으라차차, 기지개를 켜고
봄을 알리는 동물은 무엇일까?

살랑살랑 따뜻한 바람이 찾아왔어요.
봄바람이 불면 잠자던 동물들도 깨어나요.
겨울잠에서 깨어나는 동물들을 만나 볼까요?
"개굴개굴."
눈이 커다란 개구리가 고개를 쑤욱 내밀었어요.
폴짝, 연못가 풀잎 위에서 뛰어내렸어요.
"아이, 깜짝이야!"
하마터면 작은 개미들을 밟을 뻔했지 뭐예요.
"개미들아, 미안해. 개굴개굴."
개구리는 더 높이 뛰어올라 다른 곳으로 갔어요.
"아이, 포근해."
겨우내 번데기로 살던 배추흰나비가 날갯짓을 했어요. 배추흰나비는 나풀나풀 날아서 양지바른 쪽으로 갔어요. 달콤한 꽃을 찾아갈 거예요.

"나비야, 같이 가."

저기 꽃을 찾아 헤매는 꽃가루받이 전문가 꿀벌도 보이네요.

파드득파드득.

박쥐도 주위를 기웃거려요. 따뜻한 기운이 동굴 속에서도 느껴졌나 봐요.

봄이 오면 숲속 동물들이 신이 나서 움직여요.

"으라차차, 잘 잤다."

덩치 큰 곰이 기지개를 켜며 깨어났어요.

꼬르륵꼬르륵. 곰 뱃속에서 물 흐르는 소리가 들렸어요. 배가 몹시 고픈가 봐요.

"아작아작."

다람쥐는 작은 입을 오물거리며 도토리를 먹고 있어요.

곰은 입맛을 다시며 불쌍한 표정으로 다람쥐를 쳐다봤지요.

 **숨겨 놓은 도토리 어디로 갔지?**

다람쥐는 늦은 가을이 되면 겨울 준비를 해요. 볼주머니(뺨주머니)에 도토리를 넣고 옮겨요. 다람쥐의 볼은 잘 발달해 있어서 먹이를 나르기 편리해요. 다람쥐는 겨울 동안 먹을 양식을 먹이 창고에 쌓아 두지요. 다람쥐는 겨울잠을 자다가 기온이 높아지면 깨어나 저장해 둔 먹이를 먹고 다시 자요. 도토리·밤·땅콩을 잘 먹는데, 저장해 둔 장소를 몰라서 숨겨 놓은 열매를 먹지 못할 때도 있어요.

곤충들의 천국

여름에 볼 수 있는 곤충은 무엇일까?

"맴맴, 맴맴……."
나무 위에서 매미가 울고 있어요.
"시끄러워, 시끄러워!"
새들이 나뭇가지에 앉아 투덜거려도 매미는 모르는 척 울어 댔어요.
"그냥 둬. 매미 가문이 원래 그런 걸 어쩌겠어."
거품벌레가 나무줄기에 매달려 거품을 뽀글거리며 말했어요.
"더러워, 더러워."
진딧물이 소리쳤어요. 진딧물은 새로 난 줄기나 잎을 찾고 있었어요.
"저기다!"
진딧물은 원추리 꽃봉오리를 발견하고 소리쳤어요.
"우와, 맛있겠다."

진딧물은 군침을 삼키더니 꽃봉오리에 머리를 박고 달콤한 식사를 시작했어요.

"진딧물 녀석들 원추리꽃에 가득하군."

개미는 진딧물 가까이 다가가 진딧물이 싼 꿀똥을 맛있게 먹었어요.

"음, 달콤해."

그 모습을 멀리서 지켜보던 곤충이 있었어요. 무당벌레였어요.

무당벌레는 진딧물을 제일 좋아해요. 풀잠자리 애벌레, 꽃등에 애벌레, 거미도 진딧물을 좋아해요.

"어떡하지? 무당벌레가 근처에 있는 것 같아."

"걱정 마. 네가 없으면 나도 꿀똥 맛을 못 보니까."

개미는 무당벌레가 날아오자 무당벌레의 날개를 물어뜯고 개미산을 쏘았어요.

"으악, 무당벌레 살려!"

무당벌레가 몸을 웅크렸어요.

호기심 톡톡

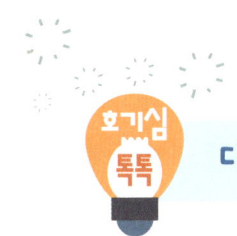

다닥다닥 나무에 매달린 곤충들

여름이 되면 곤충이 본격적으로 모습을 나타내기 시작해요. 곤충들의 천국인 여름에는 잘 자란 나무에 맛있는 수액이 가득하니까요. 달고 영양가 높은 수액은 곤충들에게 먹이를 보충하는 최고의 양식인 셈이에요. 그래서 곤충들이 나무에 모이는 거예요. 무엇보다 여름에는 나무가 무성하고 나뭇잎도 가득해서 곤충들이 안전하게 살 수 있어요.

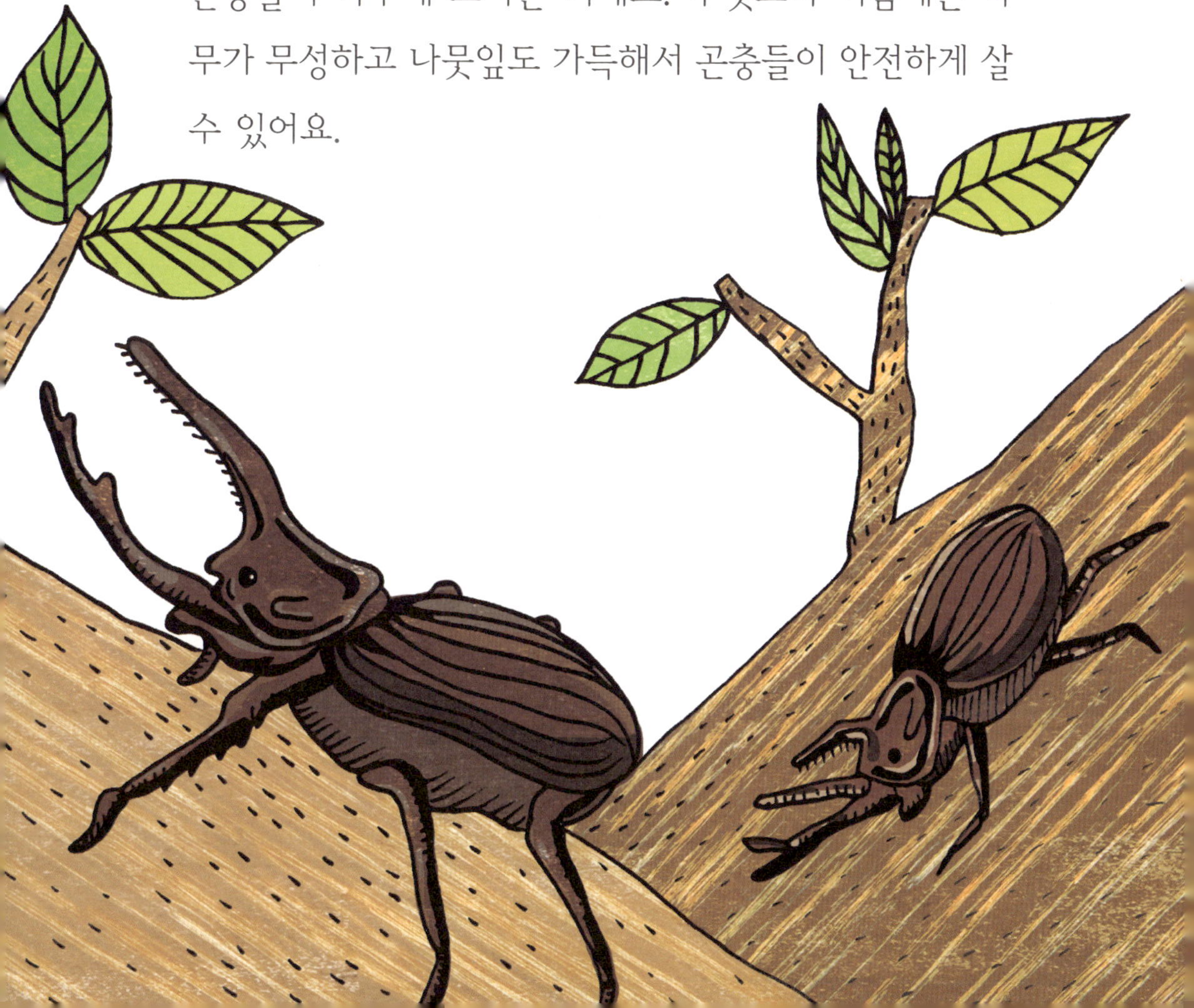

곤충들의 음악회

가을에 볼 수 있는 곤충은 무엇일까?

"앗, 잡았다!"

잔디밭에서 놀던 아이가 메뚜기를 잡았어요.

"어디 어디?"

아이들은 탁, 소리를 내며 뛰어다니는 곤충들과 숨바꼭질을 하느라 바빴어요.

가을이 되면 풀밭은 온통 메뚜기 세상이에요. 메뚜기는 무리를 지어 살아요. 단풍이 드는 늦가을이 되면 같은 종인데도 몸빛이 갈색으로 변하는 녀석들도 있어요.

"어서 도망쳐. 메뚜기 튀김이 되고 싶지 않으면 말이야!"

메뚜기들은 풀밭에 나타난 아이들을 피해 후드득 날아다녔어요.

"나는 왜 도망치는 거지?"

덩달아 도망 다니는 풀무치도 있었어요.

"울음소리 때문에 시끄러워서 데이트를 할 수가 없군."

암컷 등에 업힌 귀여운 수컷 방아깨비가 말했어요.

"귀뚤귀뚤, 나한테 하는 얘기니?"

귀뚜라미가 방아깨비를 째려봤어요.

"너 말고 저 녀석들."

풀밭이 들썩일 정도로 큰 소리로 울어 대는 긴날개여치였어요.

"무슨 말을 그렇게 하니? 우는 게 아니라 노래를 부르는 거라고."

"그렇게 노래를 부르는데도 도무지 늘지를 않는구나."

그때 풀 위를 겅중겅중 뛰어다니는 실베짱이들이 놀려 댔어요.

곤충들은 저마다 다른 소리를 내며 울었어요. 숲 속은 온통 곤충들의 노랫소리로 시끌벅적했어요. 이때 땅강아지도 가만히 앉아서 노래를 듣고 있었어요.

땅강아지도 노래를 할까?

땅강아지 집안은 자손이 귀해서 전 세계를 뒤져도 80종 정도밖에 안 돼요. 우리나라에는 딱 한 종만 살고 있대요. 몸길이가 3센티미터가 넘고 몸은 흙색이며 짧고 보드라운 털이 있어요. 자세히 보면 가재 같기도 하고 새우를 닮기도 했어요. 두더지처럼 다리가 짧고, 앞다리는 굴삭기처럼 생겨서 땅을 잘 파요. 땅속에서 식물 뿌리나 곤충을 잡아먹으며 살지요. 땅강아지도 날개를 비벼 노래를 해요.

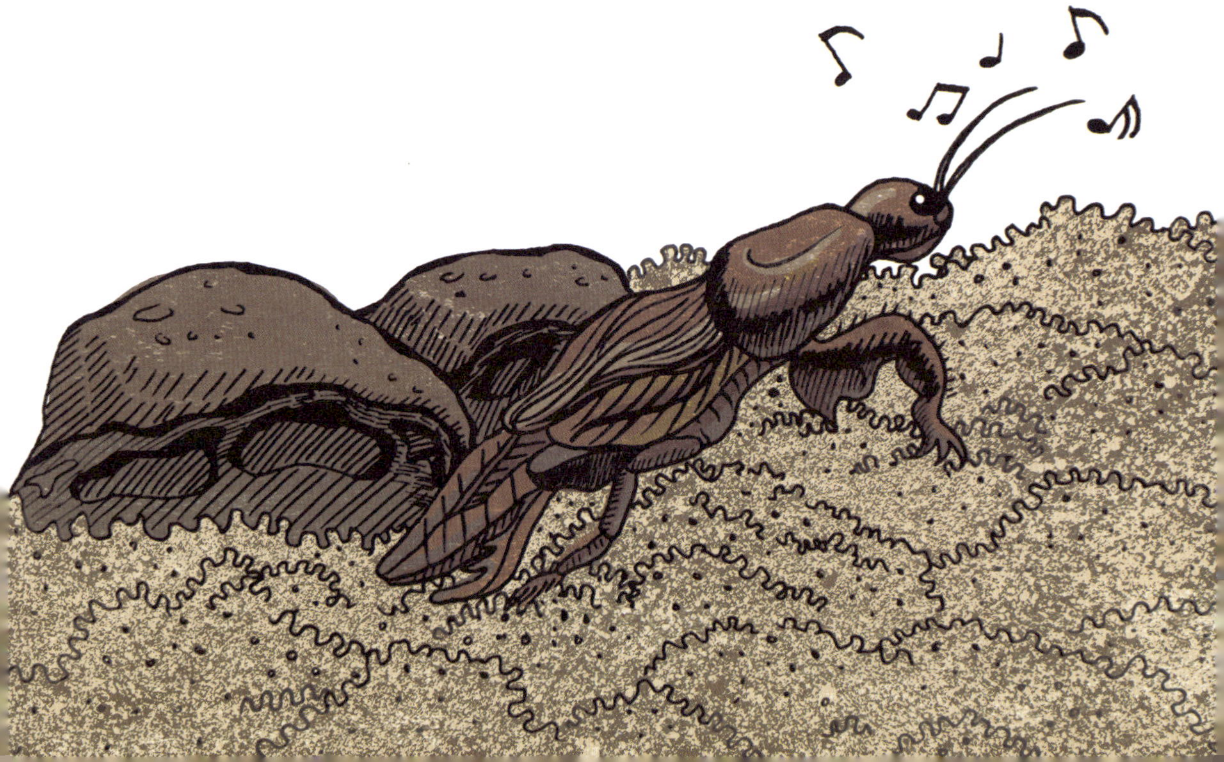

재미 톡톡 과학 퀴즈

*안전하게 사다리를 타면 답을 찾을 수 있어요.

흙을 쌓아 올린 흙집은 누구의 집일까?

1　2　3　4

흰개미　거품벌레　굼벵이　거위벌레

사슴벌레의 짝짓기

사슴벌레는 왜 씨름을 할까?

사슴벌레와 톱사슴벌레가 서로 큰 턱을 붙잡고 싸웠어요.

그 모습이 마치 씨름을 하는 것 같았어요.

"으악! 두고 보자."

화가 난 사슴벌레가 이를 악물었어요.

그 사이 숨을 고른 톱사슴벌레가 다시 덤벼들었어요.

사슴벌레가 힘으로 밀리는 듯 비틀거렸어요.

"저러다가 큰 턱이 부러지겠군."

지나가던 애벌레가 한마디 했어요.

"쯧쯧쯧, 사이좋게 나무즙을 나눠 먹더니……."

나풀나풀 나비가 말했어요.

"가만히 지켜봐, 힘자랑하는 거잖아."

암컷 사슴벌레가 말했어요.

암컷을 본 수컷 사슴벌레가 톱사슴벌레를 넘어뜨렸

어요.

그때 수컷 사슴벌레 한 마리가 싸움에서 이긴 사슴벌레 앞을 가로막았어요. 두 마리 수컷 사슴벌레는 암컷 사슴벌레를 차지하기 위해 다시 싸웠어요.

암컷 사슴벌레는 수컷 사슴벌레들의 싸움을 지켜보았어요.

"내가 이겼다!"

싸움에서 이긴 수컷 사슴벌레가 보란 듯이 소리쳤어요.

수컷 사슴벌레는 당당하게 암컷 사슴벌레를 차지했어요.

수컷 사슴벌레는 장수풍뎅이와도 싸웠어요.

"으라차차!"

힘이 센 장수풍뎅이는 사슴벌레를 내동댕이쳤어요.

사슴벌레는 너무 창피해서 도망치고 말았어요.

"앞으로 나한테 덤비지 마!"

장수풍뎅이는 의기양양 나무 위로 올라갔어요.

짝짓기를 위해 싸움을 벌이는 동물들

동물들은 짝짓기 할 때가 되면 수컷이 암컷을 차지하기 위한 행동을 해요. 암컷에게 장난을 치기도 하고 귀나 입을 핥기도 하죠. 새들은 아름다운 깃털을 활짝 펴고 암컷을 유혹해요. 수컷을 선택할 수 있는 암컷은 수컷보다 몸집이 커요. 수컷 도움 없이 새끼들을 잘 기르려면 힘이 세야겠죠. 암컷은 멋지고 힘이 센 수컷을 선택할 수 있고, 수컷은 자손을 퍼뜨리고 싶은 마음에 많은 암컷과 짝짓기를 해요. 그래서 동물들은 서로 암컷을 차지하기 위해 싸우는 거예요.

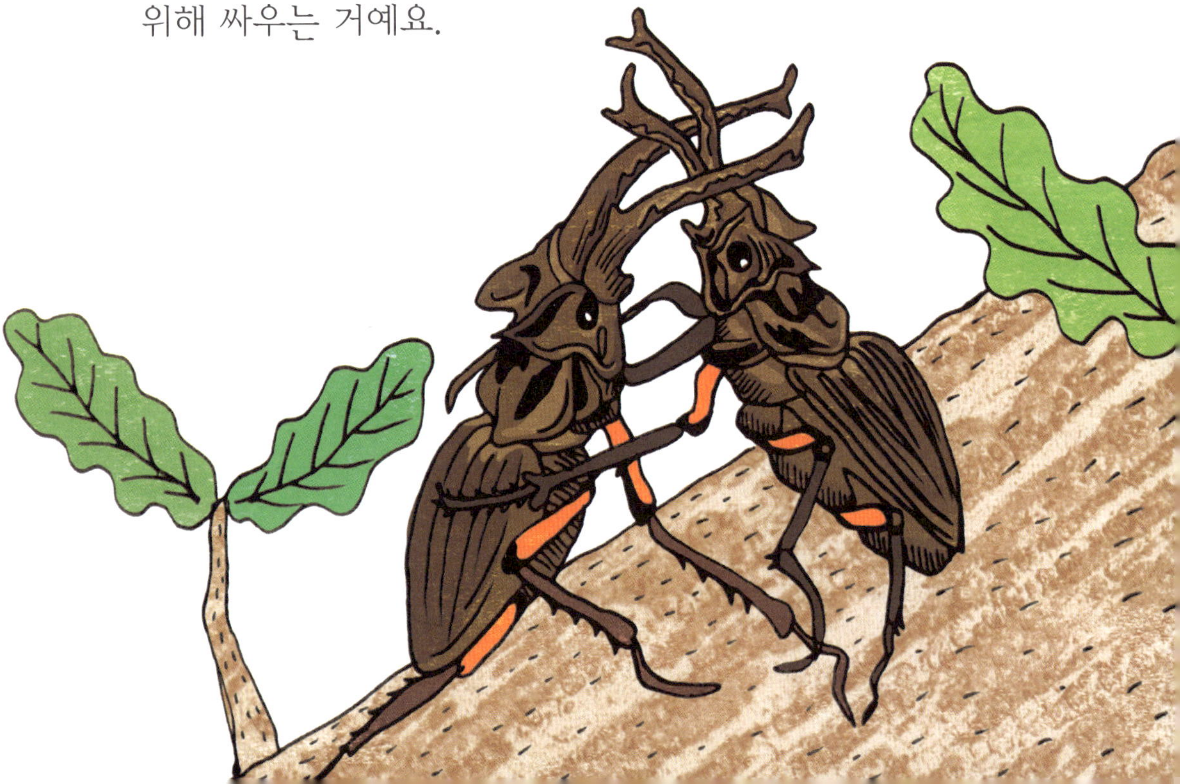

곤충들의 위험한 생활
사라져 가는 곤충에는 무엇이 있을까?

사람들이 아파트를 짓고 있어요.
나무를 베고 흙을 퍼다 날라요.
파랗던 숲은 금방 붉은색으로 변했어요.
"콜록콜록, 흙먼지 때문에 숨을 쉴 수가 없어."
쇠똥구리가 쏟아지는 흙무덤 속에서 빠져나오며 말했어요.
"우리 집이 없어졌어. 내 둥지가 사라졌다고!"
새들은 나무가 사라지자 집을 잃었어요.
공장에서는 새까만 연기가 나고 자동차는 날마다 쌩쌩 달려요.
공기가 오염되고 물이 오염되면 곤충들은 어떻게 될까요?
위험에 빠진 곤충들은 점점 늘어났고, 먹을 것을 찾지 못한 동물들은 굶어죽었어요. 도로를 건너다 차에

치여 죽기도 했어요.

"이제 나도 이곳을 떠날 때가 된 것 같아."

두점박이사슴벌레가 시무룩한 표정으로 말했어요.

"나도. 먹을 것도 없지만 맘 편히 살 수가 없어."

수염풍뎅이도 고개를 끄덕였어요.

"친구들이 보이지 않아. 언제 죽게 될지 모르니 무서워."

꼬마잠자리가 울면서 말했어요.

꿋꿋하게 버티던 곤충들이 하나 둘 사라지고 있었던 거예요. 두점박이사슴벌레, 꼬마잠자리, 쇠똥구리, 큰자색호랑꽃무지, 상제나비, 산굴뚝나비 등도 점점 보이지 않아요.

곤충들의 위험한 생활은 지금도 계속되고 있어요.

"옛날처럼 건강한 숲 속에서 다 같이 살았으면……."

곤충들이 살 수 없다면 사람도 살 수 없어요.

사라진 곤충들이 다시 돌아올 수 있는 방법을 생각해 보세요.

사라져 가는 동물은 무엇이 있을까?

곤충들만 사라져 가는 게 아니에요. 포유류 중에는 수달·바다사자·표범·스라소니·산양·반달가슴곰·늑대 등이 있고, 파충류와 양서류에는 구렁이·남생이·금개구리·맹꽁이 등이 있어요. 조류에는 황새·저어새·흰꼬리수리·흑고니·크낙새·넓적부리도요·노랑부리백로·매 등이 있지요. 뿐만 아니라 사라져 가는 어류에는 가시고기·얼룩새코미꾸리·꼬치동자개·퉁사리·흰수마자·감돌고기·꾸구리 등이 있어요.

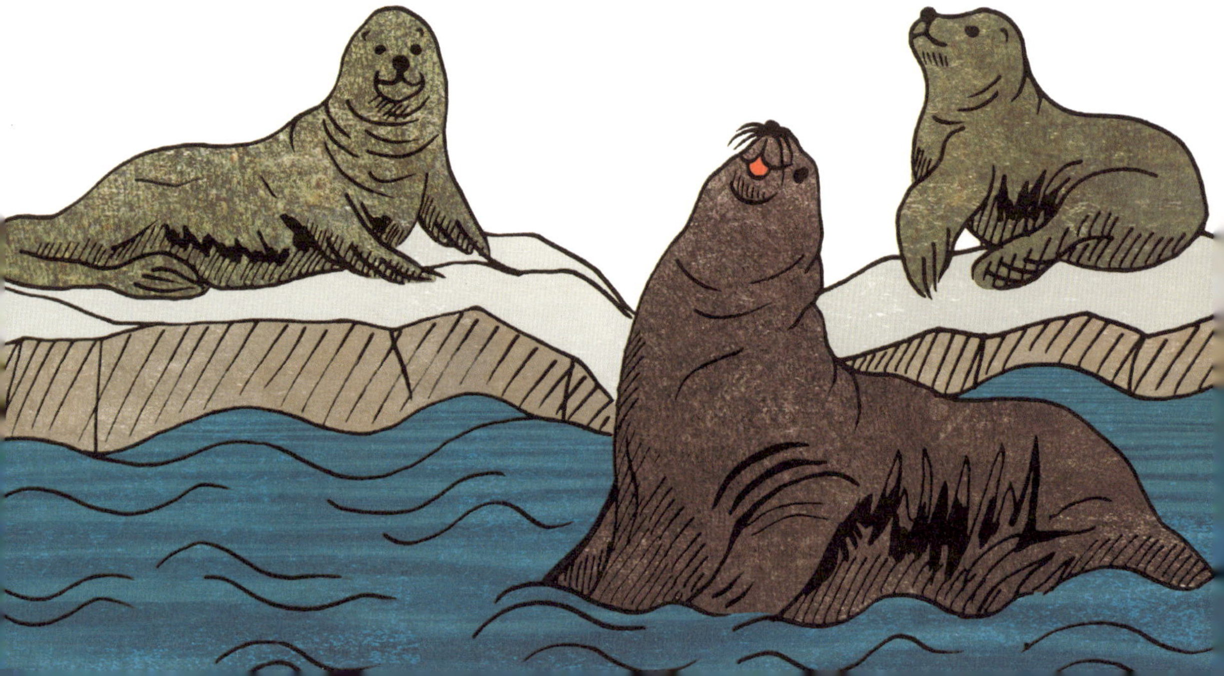

고래의 숨쉬기
고래는 왜 물을 뿜을까?

바다 위로 물줄기가 솟구쳐 올랐어요.
그 높이가 얼마나 높은지 한참 올려다봐야 했어요.
"할아버지, 어서 도망가요. 바다가 폭발하려나 봐요. 어서요."
손자 새우가 할아버지 새우를 잡아당기며 말했어요.
"고래 녀석 숨 쉬는 소리로군."
새우 할아버지는 놀라지도 않고 분수처럼 솟아오른 물기둥을 올려다봤어요.
"아이고, 뒷목이야. 너무 높아서 쳐다보기가 힘들구나."
"할아버지, 어서 달아나야 한다니까요."
손자 새우가 잔뜩 겁을 먹었어요.
"괜찮다, 고래가 숨을 쉬려고 물 밖으로 나와 있으니 말이다."

"그게 무슨 말씀이세요?"

"저기 머리 꼭대기에 난 콧구멍 보이지?"

"어디, 어디요?"

"저기 말이다. 저기에 고여 있는 물이 솟구쳐 오른 거란다."

새우 할아버지가 고래 콧구멍을 가리켰어요.

손자 새우는 할아버지가 가리킨 고래 콧구멍을 한참 동안 바라봤어요.

"고래는 숨 쉴 때마다 물을 뿜어 내는 거예요?"

"그렇단다."

"숨쉬기 한번 힘드네요."

그때 손자 새우는 고래와 눈이 마주치고 말았어요.

"할아버지, 어떡해요. 고래가 우릴 본 것 같아요."

"이런, 그런 것 같구나. 어서 도망가야겠다."

새우 할아버지와 손자 새우는 서둘러 헤엄을 쳤어요. 하지만 덩치 큰 고래를 이길 순 없었어요.

"얘야, 네 말을 듣는 건데 미안하구나."

덩치 큰 고래가 새우를 단숨에 삼켜 버렸어요.

고래의 물줄기는 다 똑같을까?

고래는 숨을 쉴 때 바다 위로 올라와 물줄기를 뿜어요. 높이 솟은 물줄기는 마치 분수처럼 보여요. 그렇다면 고래의 물줄기는 다 똑같을까요? 그렇지 않아요. 고래는 이빨고래와 수염고래로 나눌 수 있는데, 이빨고래는 숨구멍이 하나라 하나의 물줄기를, 수염고래는 숨구멍이 두 개라 두 개의 물줄기를 뿜어요. 그리고 이빨고래는 이빨을 써서 물고기나 오징어 등을 잡아 씹지 않고 삼키고, 수염고래는 이빨이 없고 플랑크톤·작은 갑각류·어류를 걸러서 먹어요.

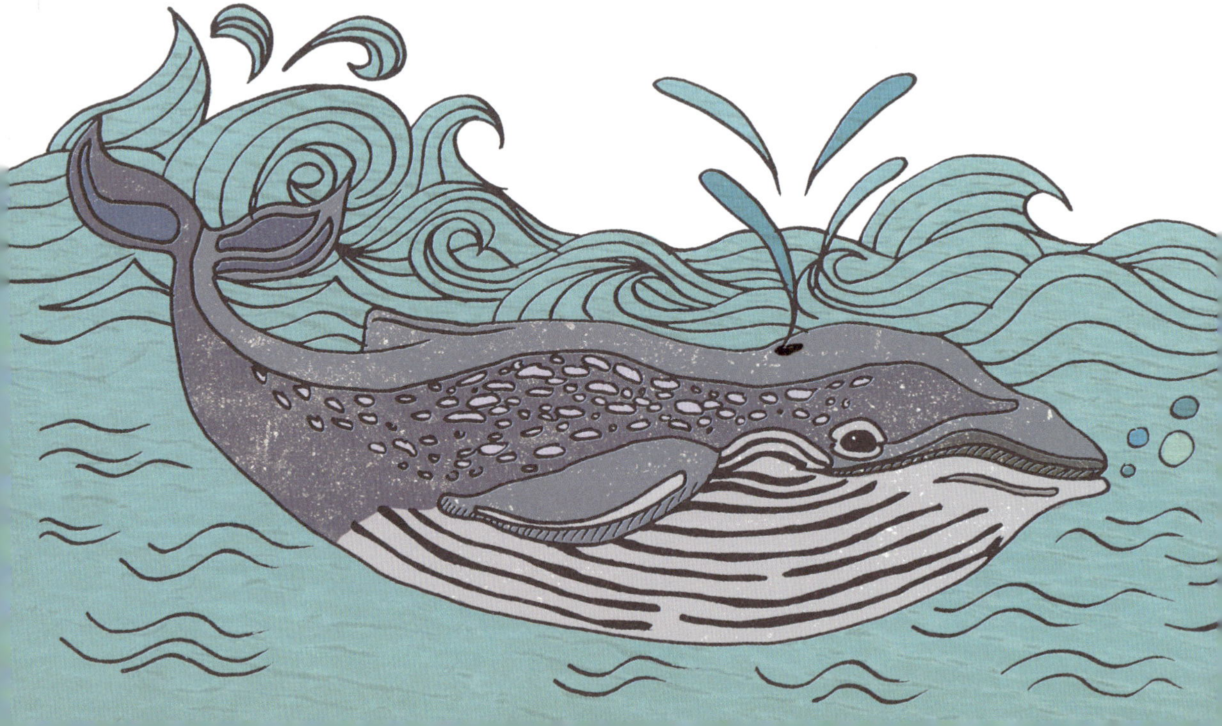

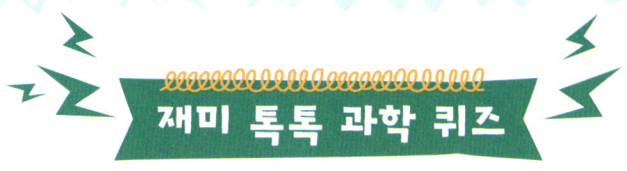

재미 톡톡 과학 퀴즈

*안전하게 사다리를 타면 답을 찾을 수 있어요.

세상에서 알을 가장 많이 낳는 것은?

1 2 3 4

갈치 꽁치 고등어 개복치

고래의 울음소리
고래고래, 소리로 말해요

고요한 바다 한가운데 뭔가 움직이는 게 보여요.

눈을 크게 뜨고 귀를 쫑긋 세우고 바다를 바라봤어요.

휘파람 소리 같기도 하고 나팔 소리 같기도 하고 파도가 바위에 부딪혀 나는 소리 같기도 했어요.

"끼익, 끼익."

멀리서 흰돌고래가 소리를 냈어요.

"끼익, 끼익."

대답이라도 하듯 다른 고래가 소리를 냈어요.

고래는 초음파를 보내 돌아오는 소리를 듣고 물체의 종류나 움직임을 알아내요. 초음파란 너무 높아서 사람이 들을 수 없는 음파를 말해요. 고래는 강한 초음파를 내보내 물고기를 기절시켜 잡아먹기도 하지요.

고래는 초음파를 내는 만큼 청각도 매우 발달했어요.

"자, 저 멀리 헤엄쳐 가자."

대장 고래가 소리를 지르자 고래들이 움직였어요.
밤이 되자, 고래들 소리는 더 자주 들려왔어요.
"끼익, 끼익."
어둠 속에서 길을 찾는 고래들이지요.
"저쪽에 먹이가 있다."
고래가 아주 멀리 있는 먹잇감을 찾아냈어요.
고래는 휘파람 같은 소리를 내기도 하고, 이빨을 부딪쳐 딱딱 소리도 내요. 꼬리지느러미로 물을 쳐서 소리를 내기도 하지요.
"끼익, 끼익."
고래들은 대화할 때, 먹이를 찾을 때 소리를 내요.
좋아하는 고래가 생겨도 소리를 내지요.
사랑하는 고래들은 어떤 소리를 낼까요?
고래를 만나면 귀 기울여 잘 들어 보세요.
"끼익, 끼익. 라라라!"
어쩌면 고래가 부르는 사랑의 노래를 들을 수 있을지도 모르잖아요.

고래가 소리를 듣는 원리는 뭘까?

고래는 종류에 따라, 상황에 따라 다양한 방법으로 소리를 내요. 고래의 공기주머니는 주머니 안에서 공기가 앞뒤로 빠르게 움직여 소리를 내지요. 아래턱뼈에서 받은 소리는 기름이 들어찬 통로를 따라 안쪽 귀로 전달돼요. 머리 앞부분에 발달한 멜론이라는 기관은 공기주머니에서 만들어진 소리를 더욱 세게 만들어요. 아래턱뼈는 물체에 부딪혀 되돌아오는 반사파를 받아들여요.

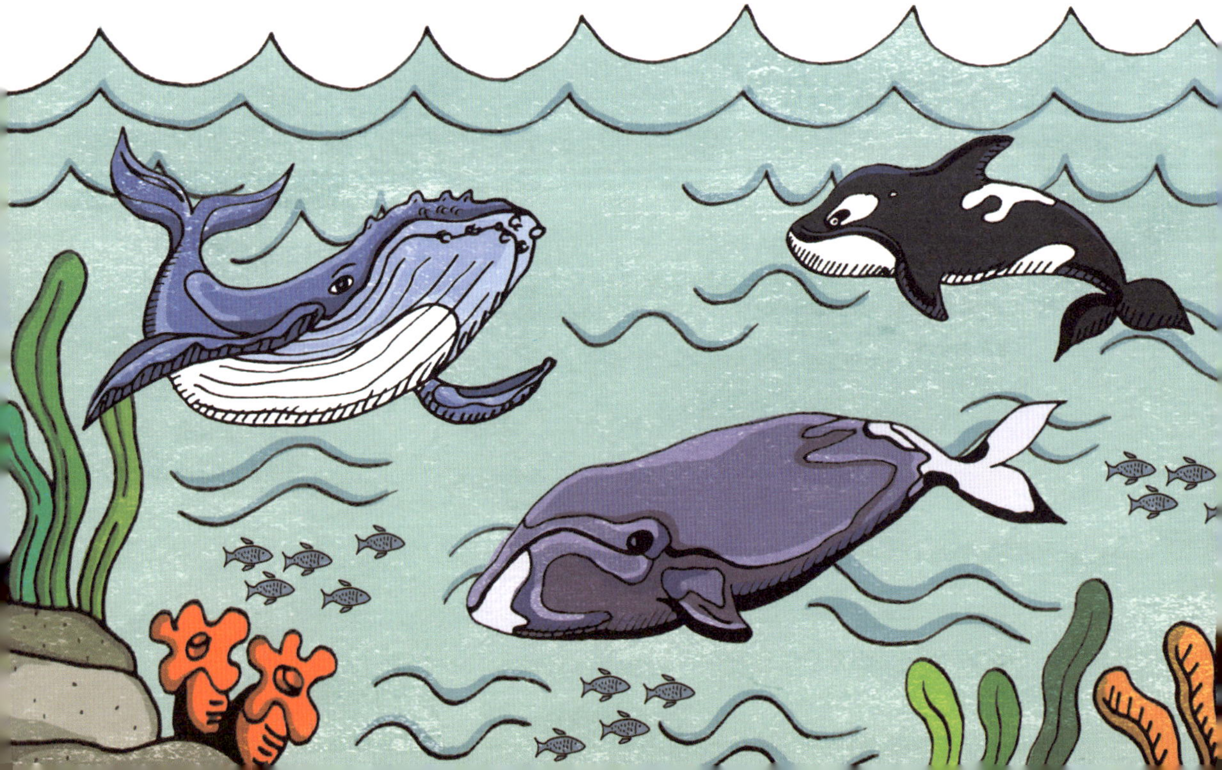

갯벌에 사는 동물들
갯벌에는 무엇이 살까?

질퍽질퍽, 갯벌을 밟아 본 적 있나요?

쑥쑥 빠지는 갯벌에는 무엇이 살까요?

꿈틀꿈틀, 아휴 답답해라. 지렁이가 열심히 밭을 갈고 있어요. 우리 눈에는 느릿느릿해 보이지만 미끄럽고 질퍽한 갯벌에서 갯지렁이만큼 땅을 잘 파는 녀석도 없지요.

"엄마, 조개 캤어요!"

"저도요!"

갯벌 여기저기 조개 캐는 사람들이 보여요.

백합, 피조개, 꼬막, 바지락, 맛조개······.

갯벌에 숨어 있는 조개들이 정말 많아요.

조개는 먹이를 찾아다니지 않아요. 얌전히 뻘 속으로 들어가 유기물을 먹지요. 그래서 조개는 땅 파기 좋은 모래를 좋아한답니다.

고둥은 조개와 달리 먹이를 찾아다녀요. 고둥류는 죽은 동물을 먹어요. 갯벌 청소부라고 할 수 있지요.

"엄마, 조가비에 구멍이 나 있어요."

"정말 그렇구나. 신기해라. 누가 뚫었을까?"

이 구멍은 큰구슬우렁이나 갯우렁이가 만든 거예요. 우렁이는 작은 구멍을 뚫고 그 구멍으로 속살을 파먹거든요.

"퉤퉤, 흙은 맛이 없어."

우렁이가 말했어요.

뒤뚱뒤뚱, 게가 우렁이 옆을 지나가며 웃었어요.

"이게 얼마나 맛있는데 그래."

게는 뾰족한 집게손을 이용해 흙을 집어 먹었어요. 게는 두꺼운 옷을 입었는데도 잘 달려요. 게는 가늘고 긴 다리로 빠지지 않고 갯벌을 달릴 수 있어요. 슬금슬금 옆으로 걷는 게걸음은 절대 느리지 않지요.

갯벌은 어떻게 생겨났을까?

우리나라 서쪽 바닷가에 가면 넓은 갯벌을 볼 수 있어요. 갯벌은 밀물 때 바닷물에 잠겼다가 썰물 때 모습을 드러내는 바닷가의 땅이에요. 모래로 된 모래갯벌, 개흙과 모래가 뒤섞인 갯벌, 자갈갯벌을 모두 갯벌이라고 해요. 밀물에 밀려온 흙 알갱이들과 육지에서 강을 타고 내려온 흙 알갱이들이 시간이 지나면서 차곡차곡 쌓여 갯벌이 생겨난 거지요.

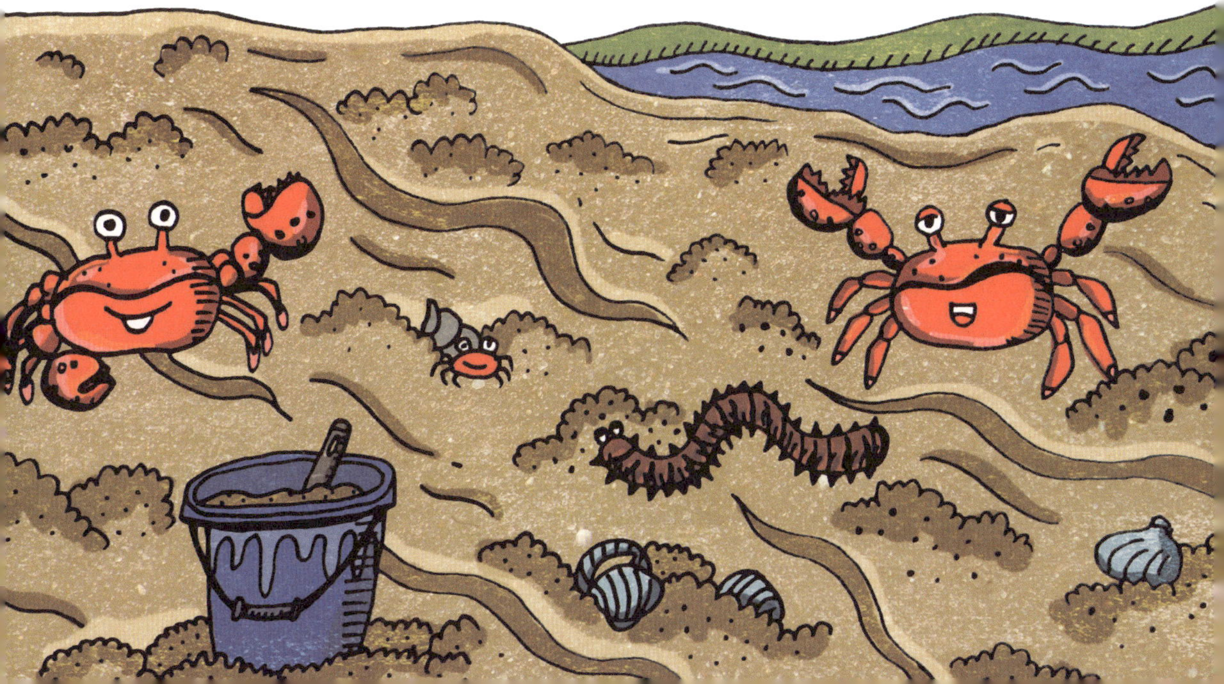

곤충들의 겨울나기

곤충들은 겨울을 어떻게 보낼까?

찬 바람이 불어요.
곧 서리가 내리고 눈이 내릴 것 같아요.
벌레들은 차가운 겨울이 되면 어디에 살까요?
"애들아, 어서 와."
무당벌레들이 여기저기에서 모여들기 시작했어요. 겨울 준비를 위해서지요.
"이제 겨울을 따뜻하게 보낼 수 있겠지?"
작은 무당벌레들은 옹기종기 모여 앉았어요. 혼자보다 여럿이 있을 때 따뜻해지니까 무당벌레들은 무리를 지어 추운 겨울을 이겨 내요.
"어서어서 구멍을 파자."
장수풍뎅이 애벌레도 나무 속에 구멍을 팠어요. 겨울이 되면 구멍 안에서 따뜻하게 겨울을 날 거예요.
"여기가 좋겠구나."

잠자리 애벌레도 물속에 자리를 잡았어요. 물속은 나무 속처럼 따뜻하거든요.

"서둘러야 해. 빨리빨리."

사마귀는 배에서 끈적이는 액체와 거품을 내보내서 알집을 만들었어요. 사마귀는 곧 알을 낳고 죽을 거예요. 귀뚜라미, 메뚜기도 마찬가지예요.

"이 정도면 안전하겠지."

호랑나비 애벌레도 번데기로 겨울을 나요.

"무슨 색으로 변신을 할까?"

호랑나비 애벌레가 주위를 두리번거렸어요.

"짜잔, 이렇게 하면 다들 못 알아보겠지."

가을에 태어난 호랑나비 애벌레는 주변 낙엽과 비슷한 갈색 번데기로 감쪽같이 변신을 했어요. 무서운 동물들로부터 자신의 몸을 보호하기 위해서지요. 곤충들은 추운 겨울을 보내기 위해 자신만의 방법을 찾았어요.

"애들아, 무사히 겨울을 보내고 봄에 만나자."

곤충들은 인사를 나누고 긴 겨울나기에 들어갔어요.

 ## 곤충들은 어떻게 자신을 보호할까?

곤충들은 자연의 색깔을 이용해 자신의 몸을 지켜요. 꽃사마귀는 자기가 앉아 있는 꽃 색깔에 따라 몸 색깔이 변하고, 나뭇잎벌레는 오그라든 마른 잎이나 살아 있는 녹색 잎, 또는 더러워진 잎이나 벌레 먹은 잎처럼 위장해요. 메뚜기와 빈대는 위험한 순간이 오면 펄쩍 뛰어 도망가요. 그 밖에도 식물의 줄기로 위장한 자벌레, 나뭇잎처럼 위장한 나방, 고약한 냄새로 자신을 보호하는 노린재 등이 있어요.

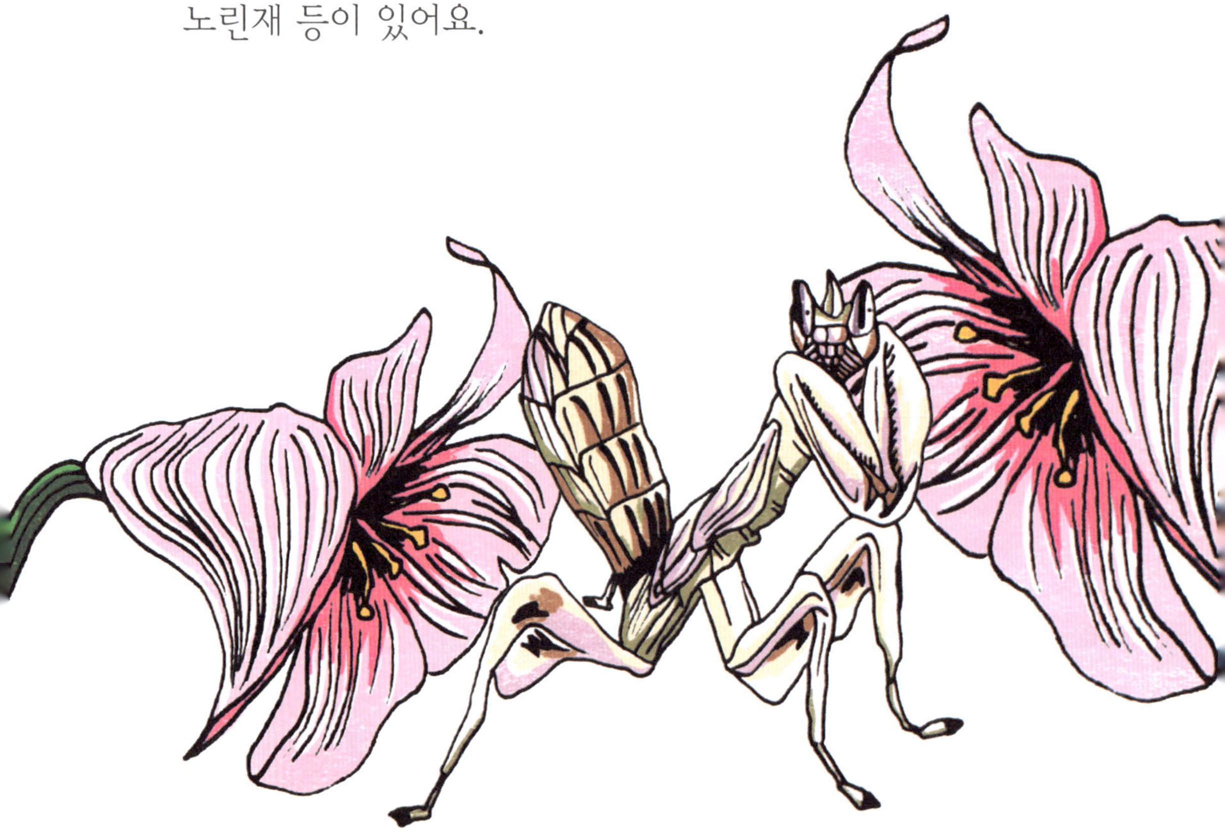

재미 톡톡 과학 퀴즈

*안전하게 사다리를 타면 답을 찾을 수 있어요.

꼬리로 숨을 쉬는 곤충은 무엇일까?

1	2	3	4
개미	무당벌레	뱀	장구애비

동물들의 겨울나기
동물들은 겨울을 어떻게 보낼까?

동물들이 먹을 것을 구하기 힘든 겨울이 왔어요.
이럴 땐 따뜻한 곳에 있으면 잠이 솔솔 오겠지요.
추운 겨울, 동물들은 어떻게 겨울을 날까요?
"이봐, 벌써 자는 거야?"
다람쥐가 개구리를 살짝 건드려 봤어요.
개구리는 죽은 것처럼 꼼짝도 하지 않아요. 개구리만 그러는 게 아니라 뱀이나 도롱뇽도 겨울이 되면 죽은 것처럼 잠을 자요. 얼굴에 서리가 낀 것처럼 얼음이 살짝 언 줄도 모르고 잠을 자는 거예요.
"어서어서, 도토리를 모아야지."
다람쥐가 입안 가득 도토리를 물었어요. 쿵, 다람쥐는 뛰어오던 고슴도치와 부딪치고 말았어요.
"앗, 따가워!"
그 바람에 물고 있던 도토리를 떨어뜨렸지요.

"미안해. 급하게 가다 보니……."

"어딜 그렇게 급하게 가는 거니?"

"편안하게 잠잘 곳을 찾고 있어."

고슴도치는 말이 끝나기 무섭게 사라져 버렸어요.

"아이, 추워. 나도 얼른 자러 가야겠다."

다람쥐도 떨어진 도토리를 다시 입속에 넣었어요. 다람쥐가 가고 커다란 곰이 뒤뚱거리며 나왔어요. 잠잘 곳을 찾는 모양이에요.

"올 겨울은 어디에서 자면 좋을까?"

곰은 입이 찢어지게 하품을 했어요.

"저기, 나무 뒤는 어때?"

잠자러 가던 너구리가 말했어요.

곰은 커다란 나무의 나무굴이나 바위굴 같은 곳을 찾아 겨울잠을 자요. 개구리나 뱀 같은 양서류와 파충류들이 겨울 내내 깨지 않고 깊은 겨울잠에 빠지는 것과 달리 곰은 얕은 수면 상태로 겨울을 나요. 때문에 겨울잠을 자는 곰을 건드리면 "크아아!" 하고 달려들 수 있으니 조심해야 해요.

동물 과학

동물들은 겨울잠을 자는 동안 왜 굶어죽지 않을까?

곰, 박쥐, 고슴도치, 다람쥐, 너구리, 오소리 등은 추워지기 전에 먹이를 많이 먹어서 살을 찌우고 두꺼운 낙엽 밑이나 땅속 보온이 잘 되는 곳에서 겨울잠을 자요. 더러 먹이를 저축해 놓고 가끔 깨어나 먹이를 먹기도 해요. 개구리, 뱀, 도마뱀, 거북 등 양서류나 파충류, 미꾸라지, 잉어, 붕어 등은 체온이 0℃ 이하로 내려가면 얼어 죽을 수도 있기 때문에 날씨가 따뜻해지는 봄이 될 때까지 죽은 듯이 겨울잠을 잔답니다.

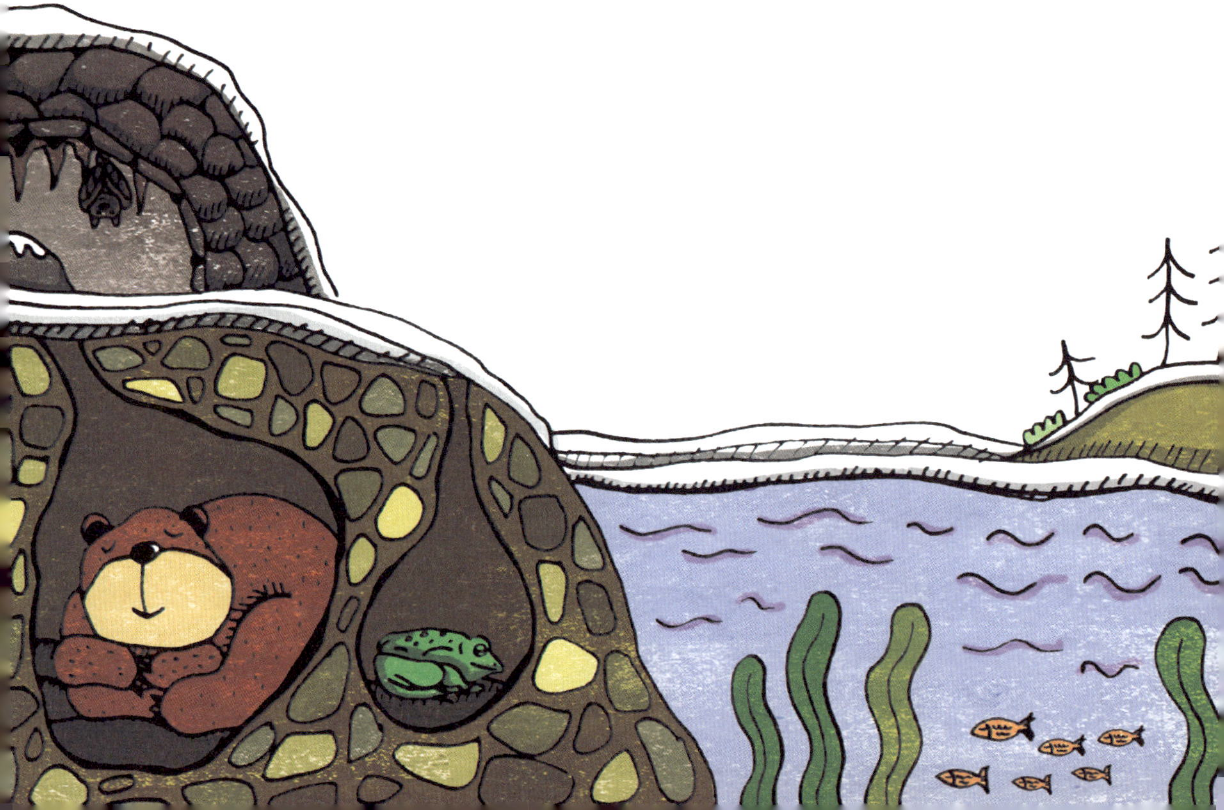

물고기의 겨울나기

물고기는 겨울을 어떻게 보낼까?

추운 겨울, 물고기는 어떻게 지낼까요?

물도 꽁꽁 물고기도 꽁꽁, 정말 그럴까요?

물고기 중에도 겨울잠을 자는 것이 있어요. 물고기는 물의 온도가 낮아지면 물 밑 깊은 곳에 내려가 거의 움직이지 않고 잠을 자요.

차가운 물속에서 물고기는 어떻게 잠을 잘까요?

꽁꽁 언 강이나 연못의 온도는 4도 정도예요.

물 밖이 영하의 날씨여도 물속은 생각보다 차갑지 않아요. 날씨가 추워지고 물이 차가워지면 물고기들은 이사를 가요.

"아무래도 더 아래로 내려가야겠어."

잉어가 몸을 바르르 떨며 따뜻한 곳으로 이사를 갔어요.

"난 진흙 속에서 겨울을 날 거야."

동물 과학

미꾸라지는 적당한 장소를 찾았나 봐요. 붕어도 이리저리 헤엄을 치면서 잠잘 곳을 찾아요.

더 추워지기 전에 물고기들은 저마다 평안한 잠자리를 찾아 돌아다녀요. 대부분 추위를 피해 좀 더 따뜻한 물속 깊이깊이 들어가지요.

그때 청둥오리가 연못 주변을 빙글빙글 돌고 있었어요.

"엄마, 어지러워요. 좀 쉬었다 돌아요."

아기 청둥오리가 소리쳤어요.

"애야, 이렇게 하지 않으면 연못이 꽁꽁 얼어 버릴 거야."

"연못이 언다고요?"

"그래, 연못이 얼면 물고기를 잡아먹을 수 없잖니."

아기 청둥오리도 엄마 청둥오리를 따라 연못을 다시 돌기 시작했어요. 하지만 날씨는 더 추워졌고 연못도 얼음이 꽁꽁 얼었어요.

바닷물이 얼면 짠맛이 날까?

바닷물로 만들어진 얼음이니까 짤 것 같지만 느껴질 정도로 짜지 않아요. 날씨가 추워져서 바닷물이 얼기 시작하면 눈의 결정과 비슷한 모양으로 순수한 물 성분만 딱딱하게 얼기 때문이에요. 바닷물에 섞인 짠 소금기는 밖으로 밀어내고 순수한 물만 얼음이 되지요. 하지만 짠맛이 완전히 빠져나가는 것은 아니고, 우리가 느낄 수 없을 정도의 짠맛이 남아 있어요.

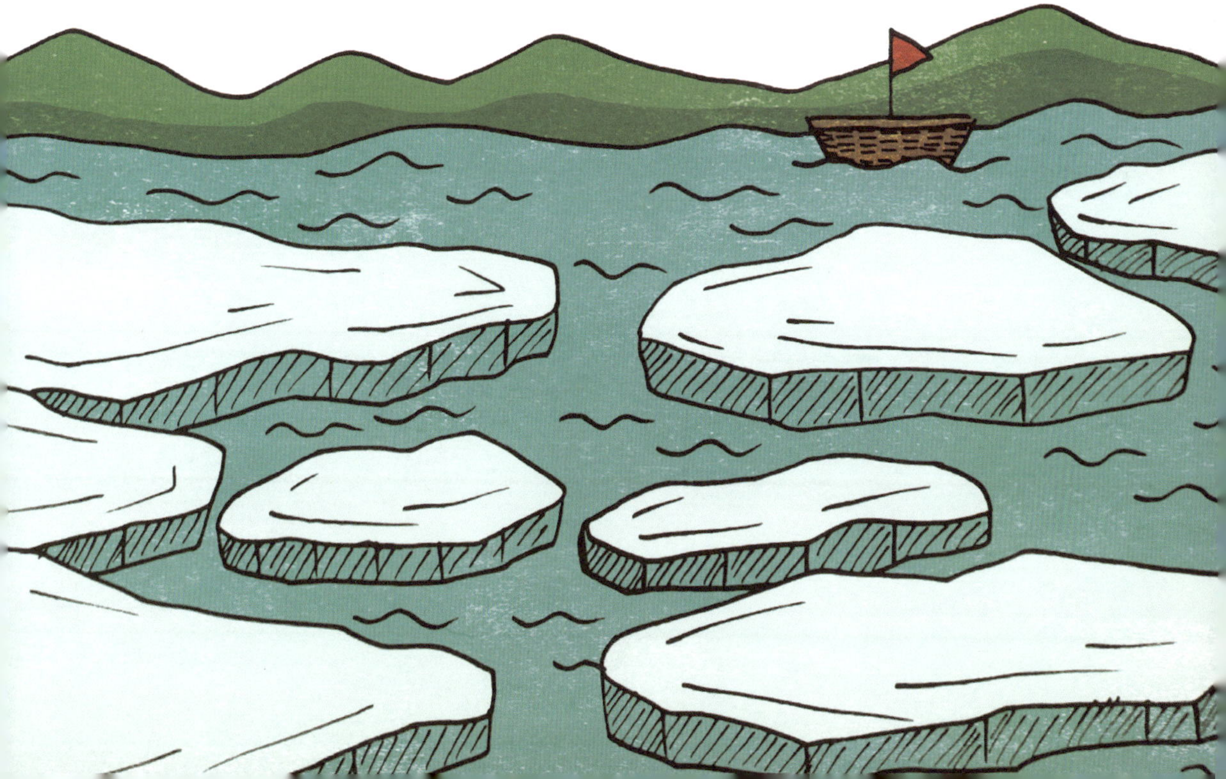

재미 톡톡 과학 퀴즈

*안전하게 사다리를 타면 답을 찾을 수 있어요.

※ 달콤한 냄새로 먹이를 유혹하는 곤충은 무엇일까?

1 2 3 4

쇠똥구리 | 폭탄먼지벌레 | 참노린재 | 나비

날씨와 생활 과학
하늘 전등이 번쩍이는 날씨와 생활 이야기

우리나라는 사계절이 뚜렷해요. 따뜻한 날도 있고 더운 날도 있고, 살랑살랑 시원한 바람이 불어올 때도 있어요. 그런가 하면 손발이 얼 것처럼 추운 날도 있지요. 바람이 불고 비가 오고 눈이 오는 것을 우린 날씨라고 하지요. 날씨는 주어진 시간에 대기의 모든 현상을 모은 것을 말해요. 날씨에 따라 사람들의 생활이 조금씩 달라져요. 일교차 때문에 감기에 걸리기도 하고, 더울 때 먹은 음식 때문에 병에 걸리기도 하지요. 겨울이 되면 오줌이 자주 마렵기도 하고, 오줌을 누면 몸이 부르르 떨리기도 하지요. 왜 그럴까요? 궁금증을 갖고 날씨와 생활에 대한 이야기를 시작할게요.

신기한 날씨
비는 어떻게 생기는 걸까?

바닷물이 반짝반짝 빛나요.
바닷물이 태양빛을 만났어요.
"앗, 뜨거워!"
바닷물은 수증기가 되어 하늘 위로 떠올라요.
둥둥 두둥실.
가벼운 수증기는 하늘 높이 날아올라요.
"와, 내 몸이 점점 차가워지고 있어요."
수증기는 식어서 작은 물방울이 되지요.
"얘들아, 안녕."
작은 물방울은 옹기종기 모이기 시작하고, 하늘 위를 떠다녀요.
"어서 와. 우리 같이 놀자."
물방울은 더 많이 모여서 뭉쳐요. 점점 커지면서 구름이 되지요.

"아이고, 무거워."

구름이 된 물방울은 더 이상 날 수 없을 정도로 무거워져요.

"도저히 못 참겠다."

"맞아. 우리 다음에 또 만나자."

구름이 된 물방울은 아래로 떨어지게 돼요.

후드득 후드득.

물방울이 비가 되어 내려요.

"비 온다!"

우르릉 쾅쾅!

천둥소리가 들려요.

사람들은 우산을 쓰고 우비를 입고 장화를 신어요.

작은 물방울은 구름이 되고, 구름은 빗방울이 되어 땅으로 떨어져요. 그리고 비는 다시 흘러 바다로 가지요.

"아이, 더워!"

풀잎의 이슬방울, 바다를 이루고 있는 물방울들은 뜨거운 햇볕에 다시 수증기가 되어 하늘로 올라가요. 그리고 또 후드득, 빗방울이 되어 떨어지지요.

비가 오는 걸 먼저 아는 동물들

음매음매, 들판에 있던 소들이 앉거나 드러누우면 비가 내린다고 해요. 제비가 낮게 날거나 다람쥐가 먹이를 많이 모아도 비가 온대요. 개미가 구멍을 막거나 개밋둑이 높게 쌓이면 비가 온다고 하지요. 반대로 거미가 거미줄을 치면 날씨가 맑고, 귀뚜라미가 소란스럽게 울어 대면 다음 날 날씨가 맑대요. 주위를 자세히 살펴 보세요. 일기예보보다 빨리 날씨를 알려 주는 동물들이 있을지도 모르니까요.

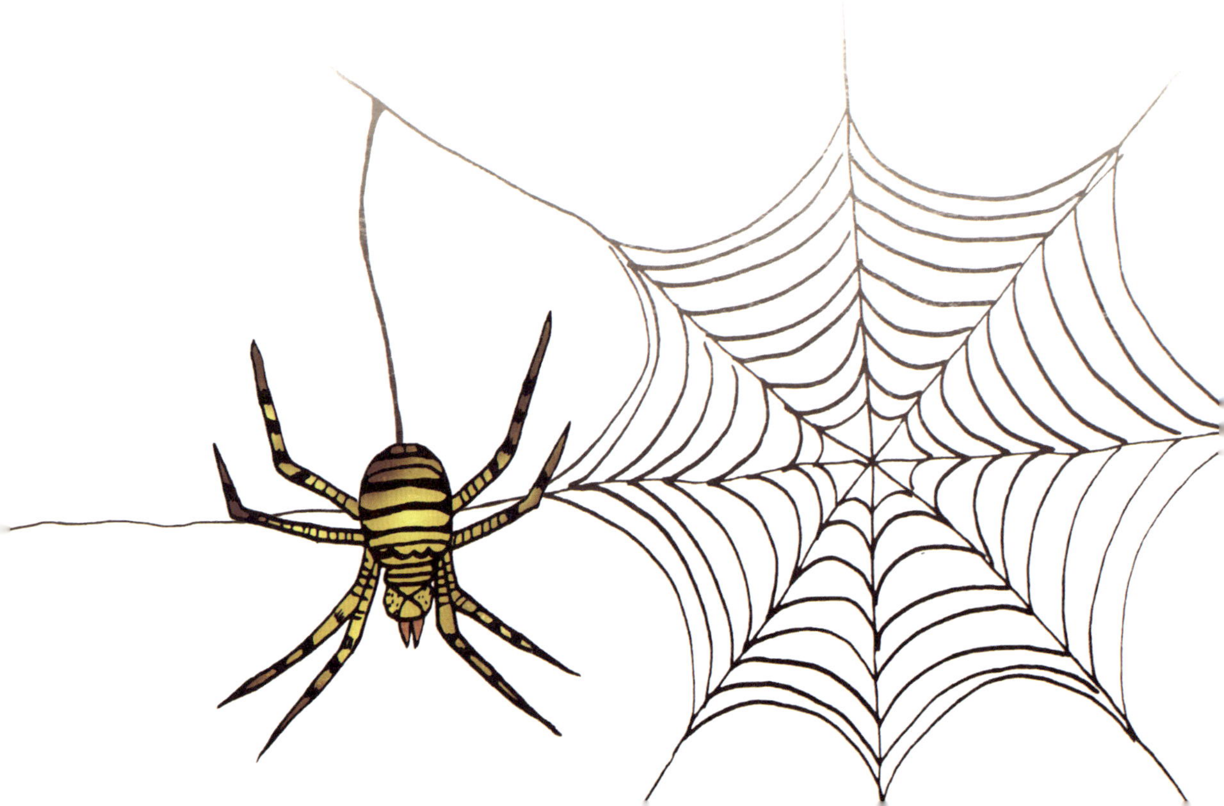

신비한 날씨

눈은 왜 내릴까?

펄펄 눈이 옵니다, 하늘에서 눈이 옵니다.

아이들이 노래를 불러요.
노래를 부르는 사이 눈이 쌓였어요.
겨울이 되면 하얀 눈이 내려요.
눈은 왜 내리는 걸까요?
"솜사탕 같아. 먹어 볼까?"
"안 돼! 눈에는 먼지가 가득하다고."
오빠가 동생을 말렸어요.
정말 눈은 깨끗하지 않은 걸까요?
옛날에는 녹여 먹기도 했지만 요즘은 환경오염이 심각해져서 눈을 잘 먹지 않아요.
눈은 기온이 떨어져 0℃쯤 되면 구름 속에 있던 작은 물방울들이 얼어서 떨어지는 거예요. 작은 얼음 알갱이들이 뭉쳐서 눈송이가 되는 거지요.

"정말 예쁘다, 보석 같아."

동생은 눈을 손으로 받아 자세히 들여다봤어요.

사람마다 얼굴이 다르듯 눈의 모양도 달라요.

현미경으로 자세히 들여다보면 대부분 육각형 모양을 하고 있지요.

"눈이 예쁘다고 좋아하지 마. 많이 내리면 아주 무서워지니까."

"그게 무슨 말이야?"

"눈이 녹지 않고 꽁꽁 얼면 빙판길이 되고, 너무 많이 오면 눈사태가 나잖아."

"오빠는 걱정투성이야!"

동생은 눈을 모아 동그랗게 뭉쳐서 오빠한테 던졌어요.

겨울은 날씨가 춥기 때문에 구름 속에 있는 작은 물방울들이 얼지요. 그래서 눈이 되어 내리고, 눈이 내리면 아이들은 눈싸움을 하고 눈사람을 만든답니다.

꽃처럼 보석처럼 빛나는 눈

눈을 자세히 보고 있으면 꽃처럼 아름답고 보석처럼 빛나요. 하지만 모양이 모두 같지는 않아요.
눈 결정체는 왜 다를까요?
눈 결정체는 온도와 습도에 따라 그 모양이 달라져요. 영하 5도에서 10도일 때는 육각원통형, 기둥형, 막대형이 많아요. 영하 10도나 영하 20도 추운 날에는 부채꼴 모양이 많지요.

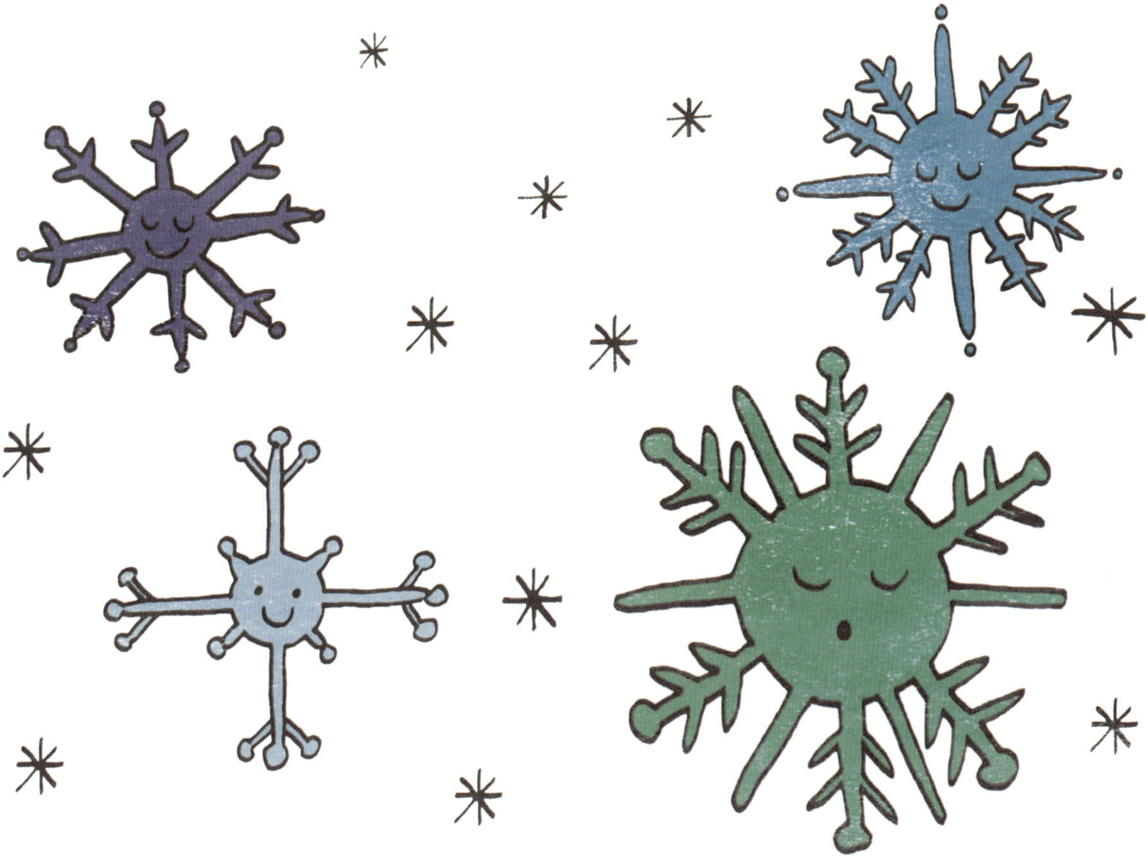

우르릉 쾅쾅, 번쩍번쩍
천둥과 번개는 왜 칠까?

사람들이 그늘에 앉아서 부채질을 했어요.
"햇빛을 피했는데도 덥네요."
"그러게 말이에요."
"습기가 많아서 그럴 거예요."
"맞아요, 끈적끈적한 게 느껴져요."
한여름 몹시 더웠던 날을 생각해 보세요.
해가 뜨거우면 피하면 되는데, 해를 피해 그늘에 있어도 계속 끈적끈적하고 더울 때가 있어요.
왜 그럴까요?
그건 공기 중에 습기가 많기 때문이에요. 습기가 많은 공기는 하늘 위로 올라가요. 하늘로 올라간 습한 공기는 구름을 만들어요.
"오늘은 내 몸에 물기가 너무 많은걸."
구름은 둥실둥실 떠다녀요.

"어, 조심해. 그러다 부딪히겠어."

구름 속에서 물방울과 얼음 알갱이가 세게 부딪치고 말았어요.

찌릿찌릿, 이때 전류가 흐르게 되지요.

서로 마찰하면서 양(+)전하와 음(-)전하를 띠게 돼요. 두 전하 사이에 전류가 흐르게 되는 거예요.

번쩍번쩍.

구름과 구름, 구름과 땅 사이에 번쩍거리는 불꽃이 튀어요. 이것이 번개예요.

"아, 따뜻해."

번개는 공기를 뜨겁게 달궈요. 뜨거운 공기는 팽창하게 되고, 이때 울리는 소리가 천둥이에요.

우르릉, 쾅쾅!

실제 소리는 짧지만 우리 귀까지 도달하는 시간 차이 때문에 길게 들려요.

그리고 구름에서 땅으로 내리꽂히는 번개를 벼락이라고 해요.

 벼락 맞은 대추나무가 단단하다고?

벼락 맞은 대추나무로 만든 도장은 악귀를 물리치는 힘이 있어서 엄청 비싸대요. 무엇보다 단단해서 한 번 파놓은 도장은 변하지 않고 오랫동안 사용할 수 있어요. 대추나무는 생명력이 강해 고목으로 성장하는 경우가 많고 다른 나무에 비해 단단해요. 거기에 벼락을 맞으면 더욱 단단해지지요. 벼락 맞는 순간 수천 도까지 열기가 올라 나무의 수분이 순식간에 증발하여 수축되기 때문이에요.

재미 톡톡 과학 퀴즈

*안전하게 사다리를 타면 답을 찾을 수 있어요.

무지개는 어느 쪽에 생길까?

1. 해가 뜨는 쪽
2. 해가 뜨는 오른쪽
3. 해가 뜨는 반대쪽
4. 머리 위

바람아, 멈추어 다오
바람은 누가 일으키는 걸까?

아침부터 바람이 불었어요.
창문이 덜컹거리고 커다란 나무가 흔들렸어요.
"나뭇잎아, 꼭 붙잡아!"
나무에 딱 달라붙은 애벌레가 소리쳤어요.
나뭇잎은 있는 힘껏 바람을 견디고 있었어요.
"태풍이 오려는 걸까?"
"눈보라가 치려는 걸까?"
"이런 멍청한 애벌레야, 겨울도 아닌데 눈보라가 웬 말이야."
새들도 원하지 않는 방향으로 날아갈 것처럼 불안했어요.
바람은 한참 후에야 잠잠해졌어요.
"도대체 바람은 왜 부는 거야?"
애벌레가 크게 숨을 쉬며 물었어요.

"나한테 묻는 거니?"

나무가 정신을 차리며 말했어요.

"너라면 알고 있을 것 같아서 말이지."

"물론 알고 있지. 공기 때문이야."

"공기 때문이라고?"

"그래, 바람은 공기의 움직임이야."

"공기는 어떻게 움직이는데?"

"공기에 온도 차이가 생기면 움직이게 돼."

"어떻게?"

"따뜻한 공기는 가벼워서 위로 올라가고, 찬 공기는 무거워서 아래로 내려가려 하거든. 따뜻한 공기가 위로 올라갈 때 주위의 다른 공기들이 밀려와서 그 빈자리를 채우게 돼. 그 움직임이 바람인 거야."

나무는 말을 마치고 으쓱거렸습니다.

"나뭇잎이 날아가고 모자가 휙 뒤집히는 까닭이 공기 때문이란 말이지."

애벌레는 고개를 끄덕이며 꿈틀꿈틀 나무 속으로 들어가 버렸어요.

흙가루가 비처럼 내린다고!

'노란 모래'라는 뜻의 황사는 세계적으로 '아시아 먼지(Asian dust)'로 알려져 있어요. 우리나라에서는 삼국 시대 이래 흙가루가 비처럼 내린다는 의미에서 황사를 '우사' 또는 '사우' 등으로 기록하고 있어요. 황사라는 용어는 1954년부터 사용하기 시작했고, 순우리말로는 '흙비'라고 해요. 황사는 몽골이나 중국 북부의 황토 지대에서 강한 바람에 의해 생겨난 미세한 모래 먼지가 우리나라까지 불어오는 현상을 말해요.

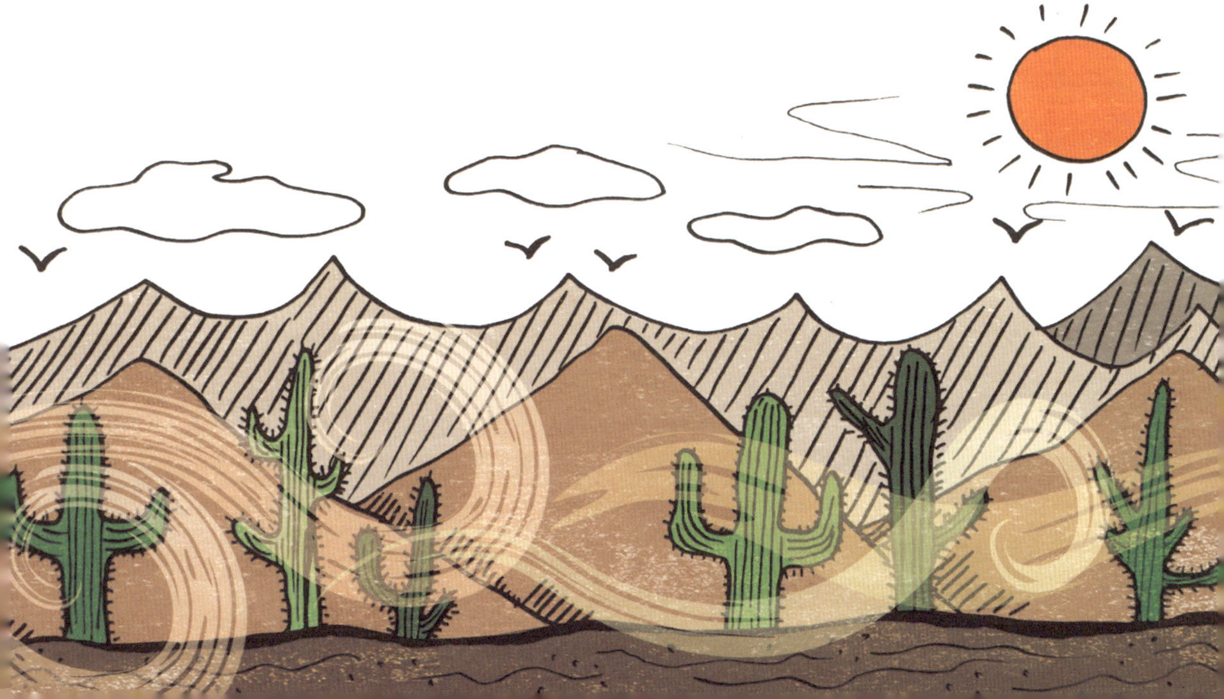

콜록콜록, 먼지가 무서워
봄철 질병에는 무엇이 있을까?

"바람한테 혼난다!"

엄마 말 안 듣고 놀이터에서 놀다 바람한테 혼났어요.

따스한 봄날인 줄 알았는데 갑자기 매서운 고추바람이 불지 뭐예요.

"꽃샘추위야."

봄에는 꽃이 피는 걸 샘하는 추위가 찾아와요. 꽃이 필 무렵 일시적으로 추워지는 현상이지요. 따스하던 봄날 갑자기 찾아오는 꽃샘추위와, 아침에는 추웠다 낮에는 따뜻한 일교차 때문에 감기에 많이 걸려요.

"꽃눈이 내린다!"

꽃눈이 휘날릴 때 꽃가루도 함께 날려요.

"에취!"

꽃가루 중에는 알레르기를 일으키는 것도 있어요. 때문에 꽃가루 알레르기가 생기기도 하고, 눈병이 발

생기기도 하지요.

"오늘은 집에서 놀아야겠다."

황사는 정말 나빠요. 밖에 나가 놀지도 못하게 하잖아요.

황사는 중국 사막의 모래가 바람을 타고 날아와 하늘이 누렇게 되는 현상이에요. 황사 속에는 흙과 작은 먼지 등이 많이 들어 있어요. 특히 눈에 보이지 않는 미세먼지는 아주 위험하지요.

미세먼지의 주범은 이산화황과 중금속 등 공장의 매연과 자동차 배기가스예요. 눈에 보이지 않는 아주 작은 먼지들이 황사 속에 섞여 날아와요.

"에취!"

보통 먼지는 코털이나 기도에서 걸러져요. 하지만 미세먼지는 너무 작아서 걸러지지 않고 폐 속으로 들어가요. 폐 속에 미세먼지가 쌓이면 각종 질환의 원인이 되지요.

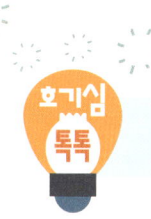

호기심 톡톡 물놀이를 하면 왜 손이 쭈글쭈글해질까?

목욕을 하거나 물놀이를 하면 손이 쭈글쭈글해져요. 왜 그럴까요? 우리 피부는 얇은 기름막으로 덮여 있어요. 그런데 물속에 오래 들어가 있으면 물에 기름막이 씻겨 나가 피부 속으로 물이 스며들어 쭈글쭈글 주름이 생긴답니다. 하지만 물기가 마르면 곧 탱탱한 피부를 되찾게 되지요.

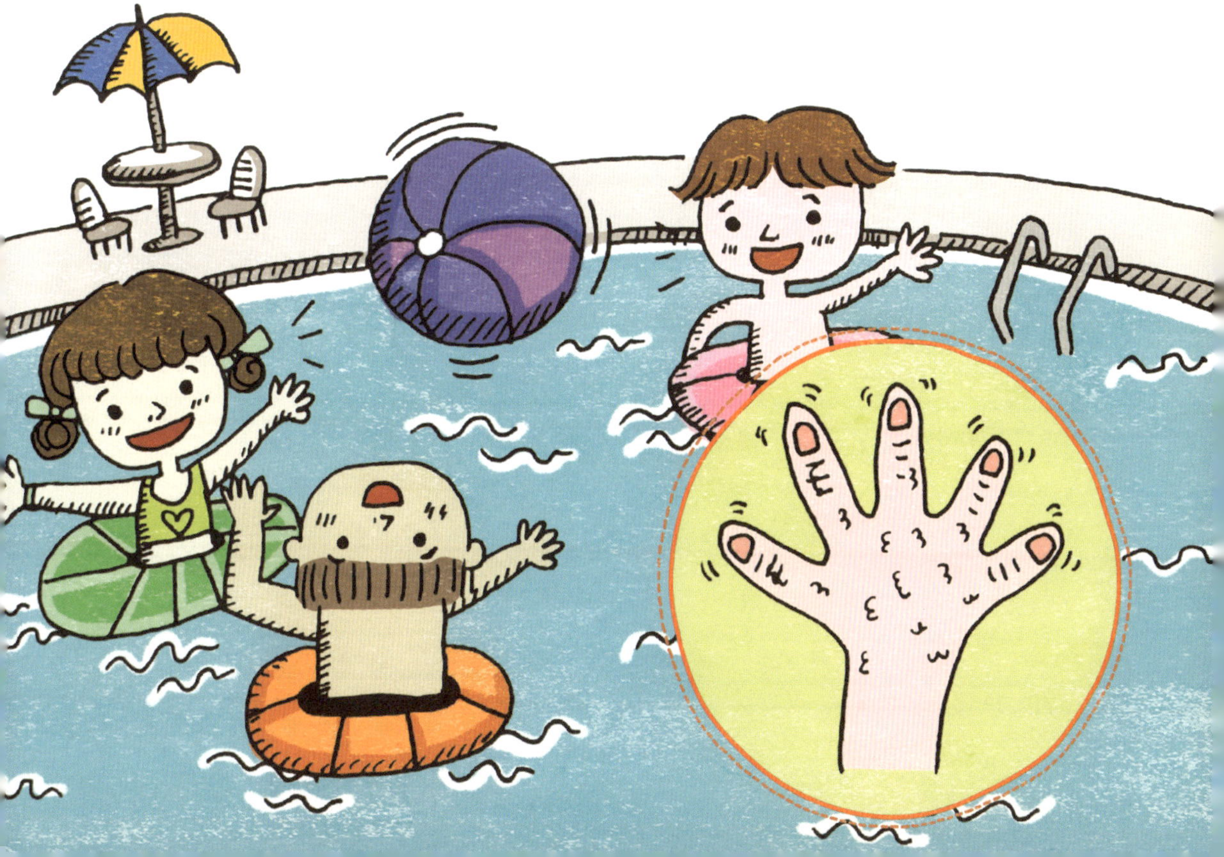

킁킁, 먹어도 될까

식중독을 조심해야 해!

"헥헥. 지친다, 지쳐."

뜨거운 여름에는 쉽게 짜증이 나고 지쳐요.

사람만 그런 게 아니에요. 음식도 쉽게 쉬어요.

"엄마, 똥꼬가 다 헐겠어요. 설사가 계속 나와요."

여름에는 기온이 높아 음식이 쉽게 상해요. 때문에 식중독에 걸리기 쉽지요.

식중독을 예방하려면 음식을 꼭 냉장고에 보관하고, 오래 두고 먹지 않도록 조금씩 조리해야 해요.

두부, 우유, 요구르트, 콩나물 등 신선식품을 살 때는 꼭 유통기한을 살펴보고, 음식을 먹기 전에는 음식이 상했는지 확인해 봐야 해요.

상한 음식의 특징을 살펴 볼까요?

"색깔이 변했어요."

"거품이 생겼어요."

"이상한 냄새가 나요."

"끈적끈적한 물이 생겼어요."

"거무스름해졌어요."

"곰팡이가 났어요."

맛있게 만들어 놓은 음식이 이렇게 변했다면 절대 먹지 말아야 해요.

음식을 먹기 전에 눈으로 색깔을 살펴보고, 코로 냄새를 맡아 봐야 해요. 유통기한이 지났는지도 살펴 봐야 하지요.

식중독은 겨울철에도 발생해요. 여름철에는 음식 부패 같은 일반 세균에 의해 식중독이 생기지만, 겨울철에는 추위에 강한 노로바이러스에 의해 주로 일어나요.

노로바이러스는 공기나 손으로도 감염되고 전염성이 강해요. 노로바이러스에 의한 겨울철 식중독을 예방하려면 과일이나 채소 등은 깨끗이 씻어 먹고, 굴이나 조개·생선 같은 어패류는 익혀 먹어야 해요. 그리고 무엇보다 전염성이 강하므로 손을 자주 씻는 등 개인 위생에 신경 써야 하지요.

트림은 왜 나올까?

배가 부르면 트림이 나와요. 콜라를 마실 때도 나오지요. 트림은 왜 나오는 걸까요? 콜라 같은 탄산음료에는 공기가 많이 들어 있어요. 탄산음료를 마시면 음료 속 공기들이 위 속에 가득 차서 꺼억, 트림이 나오는 거예요. 밥 먹을 때도 마찬가지예요. 밥 먹을 때 공기도 함께 들어오는데, 밥을 많이 먹으면 그만큼 공기도 많아져 트림이 나오는 것이지요.

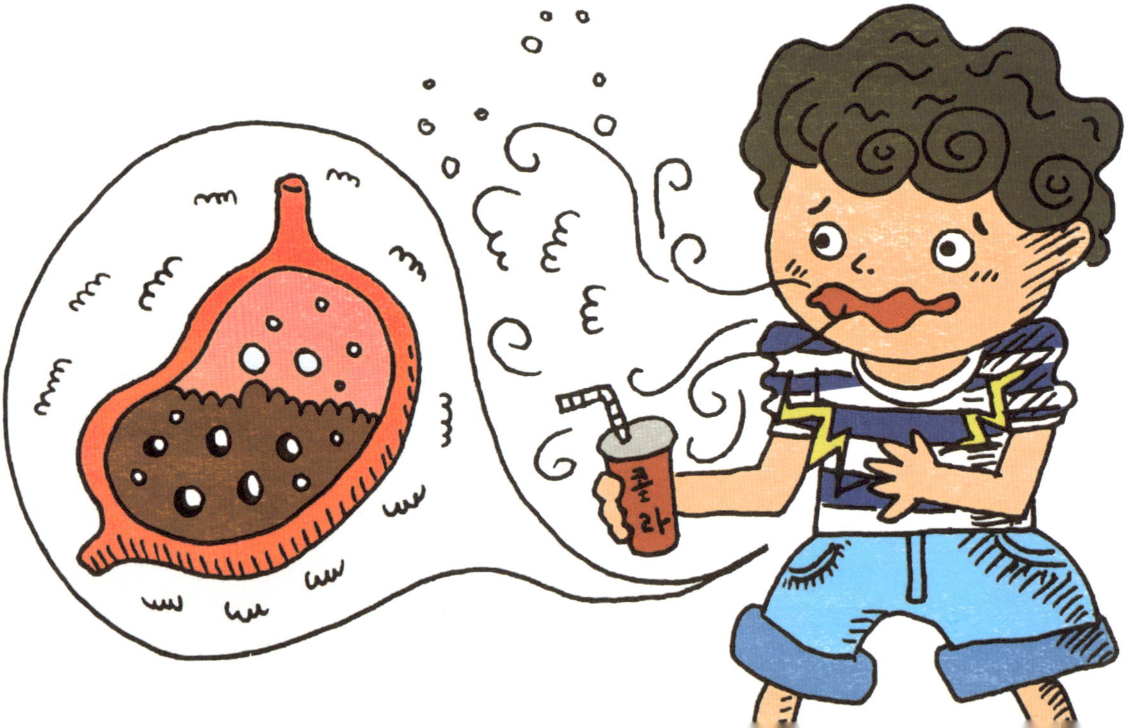

재미 톡톡 과학 퀴즈

*안전하게 사다리를 타면 답을 찾을 수 있어요.

5대 영양소가 아닌 것은?

1   2   3   4

물   단백질   지방   탄수화물

더워, 추워
냉방병과 일사병이 뭐지?

"에취!"

아빠가 재채기를 해요. 감기에 걸린 걸까요?

"냉방병에 걸린 것 같아."

냉방병, 그건 무슨 병일까요?

냉방병은 냉방에 의해 생기는 병이에요. 에어컨을 오래 쐬거나, 에어컨 온도를 너무 낮게 설정해 놓으면 냉방병에 걸리기 쉬워요.

에어컨의 찬 바람으로 인해 바깥 공기와 온도 차가 커질수록 냉방병에 걸리기 쉽지요.

냉방병에 걸리면 감기처럼 코가 막히거나 콧물, 재채기 등의 증상이 생겨요. 찬 음식을 많이 먹어서 소화가 안 되거나 설사를 하기도 하지요.

냉방병에 걸리지 않으려면 찬 에어컨 바람을 직접 쐬지 않고, 에어컨 바람으로부터 몸을 보호해 줄 얇은 겉

옷을 준비하는 것도 좋아요. 잘 때도 배가 차갑지 않게 얇은 이불을 덮고 자야 해요.

"선생님, 어지러워요."

운동장에서 축구를 하다가 어지럼증을 느꼈어요. 토할 것처럼 속도 좋지 않았지요.

"일사병인가 보다. 그만 들어가자."

일사병, 그건 또 무슨 병일까요?

일사병은 뜨거운 햇볕 때문에 생기는 병이에요. 뜨거운 볕을 너무 오래 쬐거나, 더운 곳에서 오래 운동을 하거나 일을 할 때 걸리기 쉽지요.

일사병에 걸리면 어지럼증을 느끼거나 구토를 하기도 해요. 갑자기 쓰러지기도 하지요.

일사병 예방을 위해서는 더운 곳에서 심한 운동이나 일을 하지 말고, 햇볕이 뜨거운 한낮에는 바깥일을 자제하는 게 좋아요. 또한 땀으로 배출되는 수분을 보충하기 위해 물을 자주 마시고, 외출할 때는 햇빛을 막아 줄 모자를 쓰는 것도 좋아요.

 자외선을 차단하라

여름에는 피부병과 눈병에 걸리기 쉬워요. 모두 뜨거운 햇볕과 자외선 때문이지요. 땀이 잘 나는 여름에 깨끗이 씻지 않으면 땀띠가 나기 쉬워요. 눈부신 햇빛에 오래 노출되면 눈병이 생길 수도 있지요. 여름에는 자외선을 차단하기 위해 자외선 차단제를 꼭 바르고, 모자나 선글라스로 햇빛을 막아 피부와 눈을 보호해야 해요.

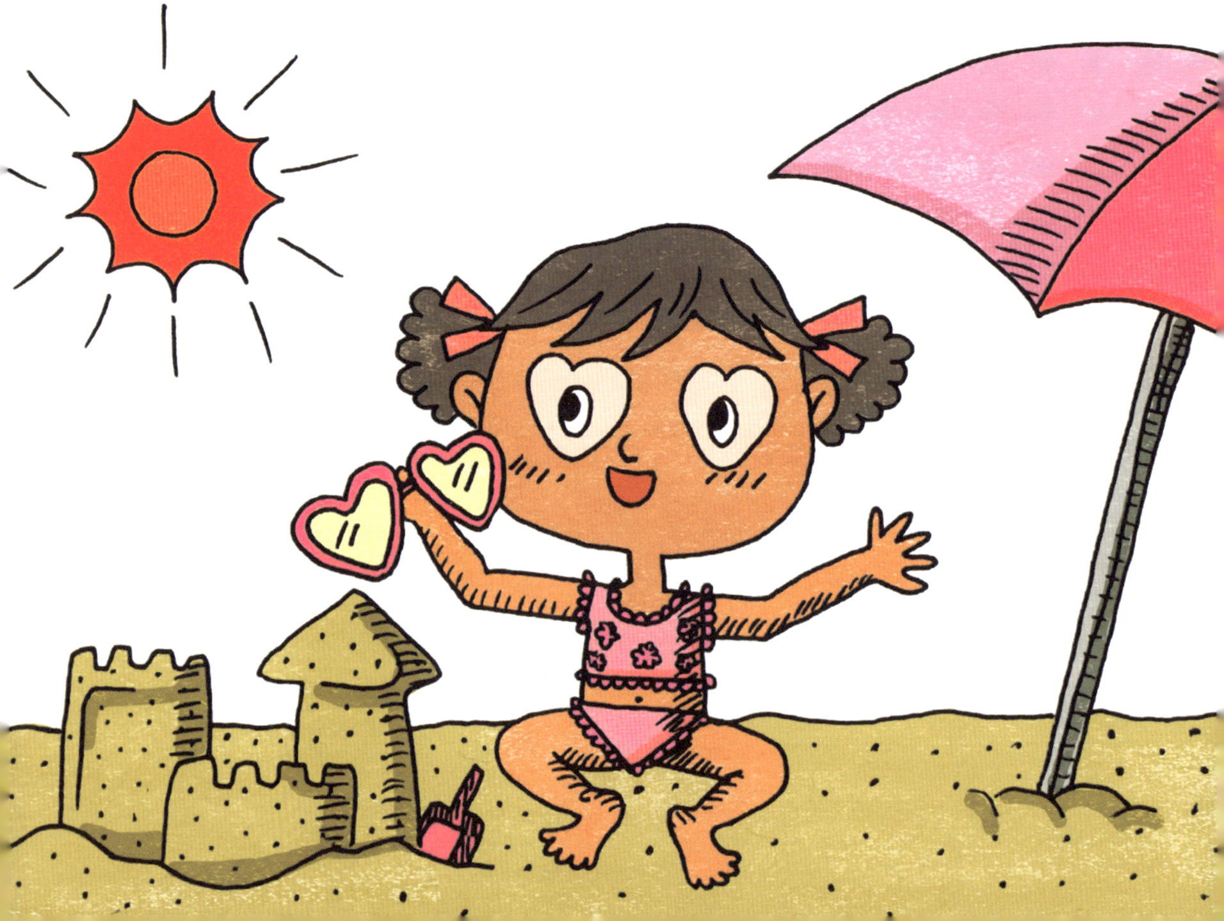

아침저녁은 춥고, 낮에는 덥고

일교차는 뭘까?

날씨가 심술을 부릴 때가 있어요.

아침에 추워서 두꺼운 옷을 입고 학교에 갔는데, 점심 먹고 나니 너무 더워서 땀이 뻘뻘 나는 거예요.

아침에 춥고 오후엔 더워요. 이럴 때 일교차가 심하다고 얘기해요.

일교차는 뭘까요?

"엄마, 어제 더워 죽는 줄 알았어요. 오늘은 안 입을 거예요."

"요즘 일교차가 커서 그래. 그러다 감기 걸려."

"귀찮아요, 그냥 갈래요."

이렇게 아침 등굣길에 옷 때문에 짜증 부린 적 있지요?

일교차는 하루의 최고 기온과 최저 기온의 차를 말해요.

일교차가 크다는 건, 아침에 엄청 춥다가 오후엔 매우 덥다는 얘기죠.

일교차가 크면 몸이 온도 조절을 잘 못 해서 감기에 걸리기 쉬워요.

"오후에는 더울 거야, 얇게 입어야지."
하고 나갔다가 추워서 감기에 걸리는 것이지요.

환절기 감기에 걸리지 않으려면 일기예보를 잘 봐야 해요. 일기예보에서 아침 기온, 낮 기온과 함께 하루의 온도차를 말해 주거든요. 온도차가 클수록 일교차가 크다는 얘기니까 미리 옷차림을 준비할 수 있지요.

일교차는 계절이 바뀌는 시기인 환절기에 많이 나타나요.

때문에 이 시기에는 조금 더워도 따뜻하게 입어서 감기에 걸리지 않도록 해야 해요. 스카프나 얇은 겉옷을 준비하면 기온이 오르는 낮에는 풀거나 벗으면 되니까 환절기 감기 예방에 도움이 되지요.

호기심 톡톡

날씨가 건조하면 왜 감기에 걸릴까?

날씨가 건조하면 감기에 걸리기 쉬워요. 여름에서 가을로 넘어가는 환절기에는 여름보다 습도가 낮아서 입도 마르고 코도 마르고 손도 거칠거칠해져요. 무엇보다 촉촉해야 하는 목이나 코가 건조해지면 따끔거리고 약해지지요. 이때 세균이나 바이러스, 꽃가루처럼 병을 일으키는 요소들이 들어와요. 그래서 각종 호흡기 질환에 걸릴 위험이 커지는 거예요.

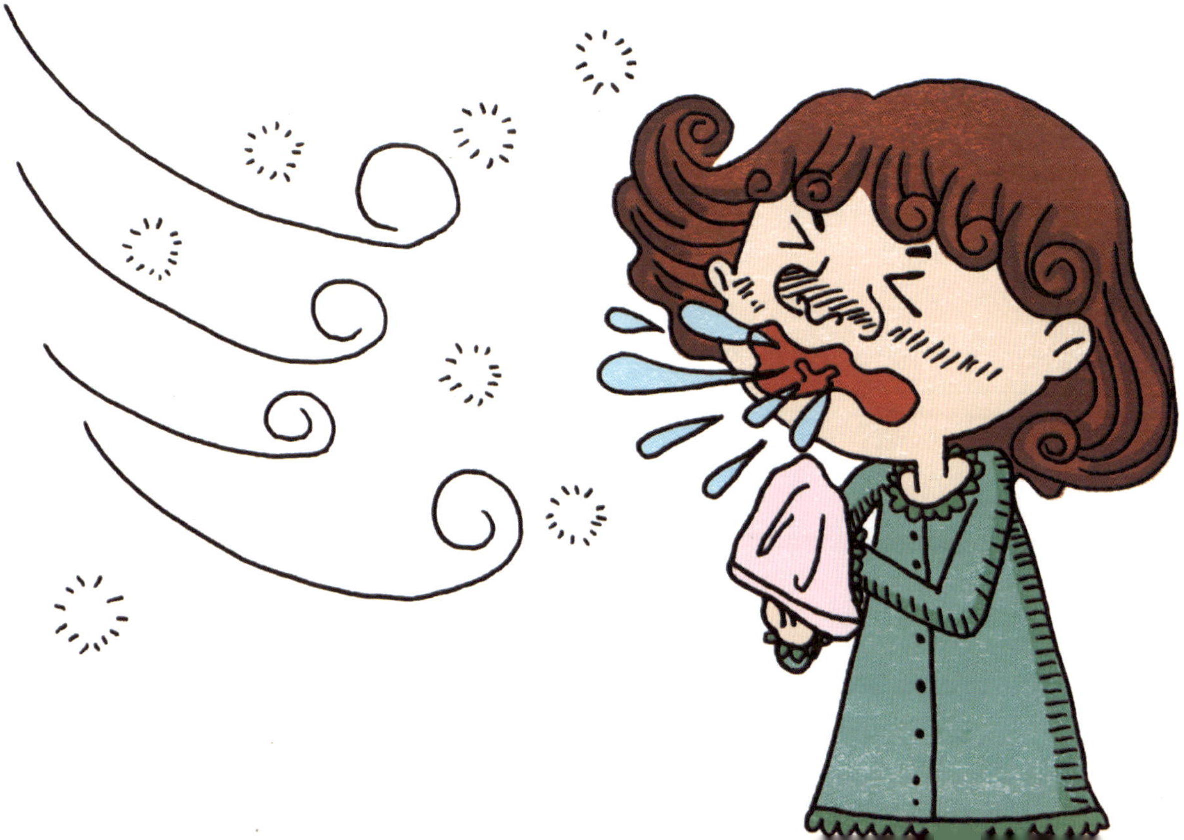

내 몸에도 전기가 통할까

겨울이 되면 왜 정전기가 많이 날까?

찌릿, 찌릿.
옷을 입다가 깜짝 놀란 적이 있지요.
옷에 전기가 숨어 있는 걸까요?
"앗, 따가워!"
친구랑 손을 잡았는데 이상한 느낌을 받았어요.
친구 손에, 내 손에 전기가 흐르는 걸까요?
이런 찌릿한 느낌이 드는 걸 정전기라고 해요.
이상한 건 정전기가 겨울만 되면 심해진다는 거예요.
방문 손잡이를 만질 때도, 냉장고 문을 열때도, 자동차 문을 열 때도 느낄 수 있어요. 스웨터를 벗을 때는 영락없이 지지직 소리가 나면서 머리카락이 딸려 올라가요.
"누나 머리 폭탄 맞았다!"
동생은 머리카락이 위로 솟아 버린 누나를 보면서

웃어요.

사랑하는 사람의 뺨을 쓰다듬을 때도 정전기가 튀어요. 그래서 사랑하면 전기가 통한다고 하나 봐요.

이 짜증 나는 정전기는 왜 생기는 걸까요?

정전기가 생기는 이유는 '마찰' 때문이에요. 모든 물질에는 전자가 있어요. 두 종류의 서로 다른 물질을 맞붙여 놓으면 전자가 이동하게 돼요. 보다 큰 에너지를 가진 전자가 작은 에너지를 가진 전자 쪽으로 이동하지요. 이때 한쪽에는 양(+)전자가, 다른 한쪽에는 음(-)전자가 모이게 되면 서로를 끌어당겨요. 그래서 스웨터를 벗을 때 머리카락이나 몸에 달라붙게 되는 것이지요. 지직 하는 소리는 달라붙은 양쪽의 전자들이 제자리로 돌아가면서 생기는 소리랍니다.

평상시에 우리는 공기 중의 수분을 통해 전자를 내보내 정전기가 잘 일어나지 않아요. 하지만 겨울에는 날씨가 건조해서 마찰이 잘 일어나 정전기가 많이 발생하는 거예요.

여름에는 왜 정전기가 일어나지 않을까?

정전기는 마찰 때문에 생기고, 마찰은 건조할 때 잘 일어나요. 여름에는 비가 많이 오고 습하기 때문에 마찰이 잘 일어나지 않아요. 우리가 책받침을 머리에 대고 비비면 머리카락이 책받침에 붙어 따라 움직여요. 이것이 마찰 전기예요. 하지만 젖은 머리카락을 책받침에 대면 움직이지 않아요. 머리카락이 습하기 때문에 마찰이 일어나지 않는 거예요. 그래서 여름에는 정전기가 잘 일어나지 않는 거랍니다.

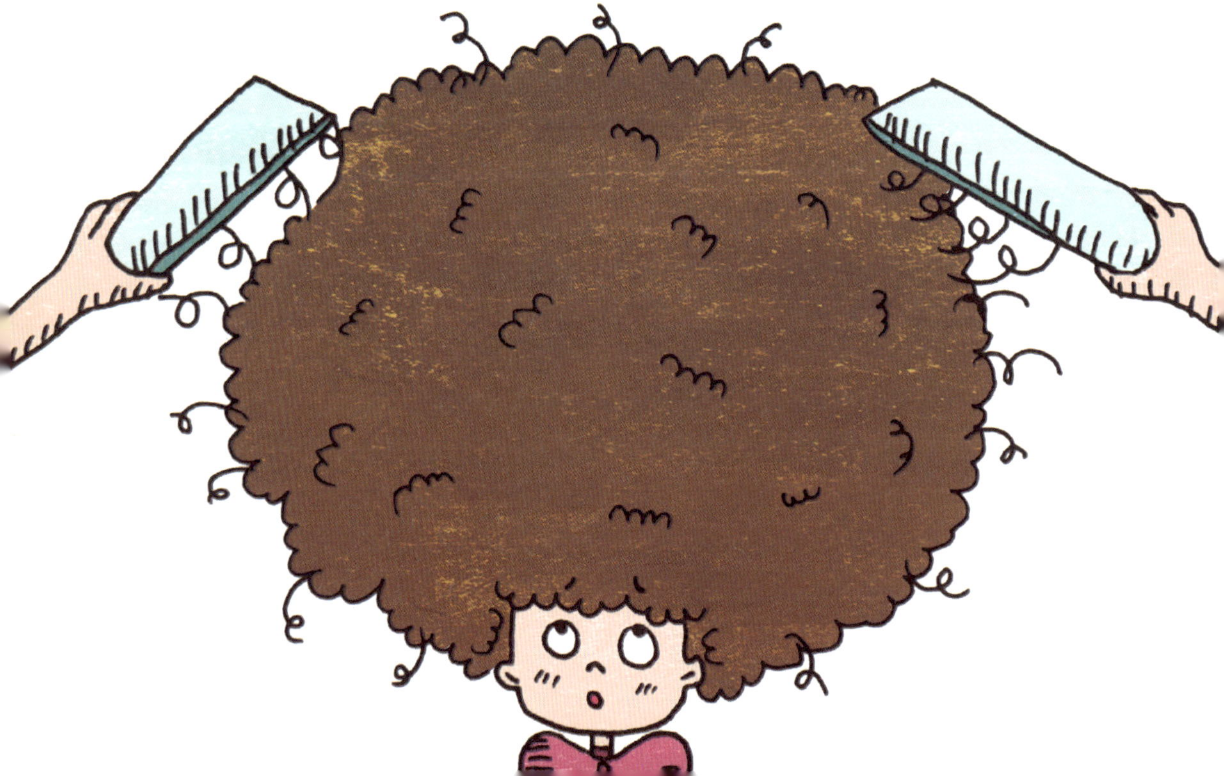

재미 톡톡 과학 퀴즈

*안전하게 사다리를 타면 답을 찾을 수 있어요.

체감 온도와 관계 없는 것은?

1 2 3 4

온도계   심리 상태   바람 세기   습도

오줌싸개가 된 걸까

겨울이 되면 왜 자주 소변이 마려울까?

소변은 어디서 만들어질까요?

신장.

땀은 어디서 만들어질까요?

신장.

신장은 콩같이 생겼다고 해서 콩팥이라고도 불려요. 신장은 등 쪽 허리 잘록한 부분 위쪽에 있는데, 척추를 중심으로 오른쪽, 왼쪽에 각각 하나씩 있지요.

신장은 혈액 속에서 영양분 등을 흡수하고 수분을 배출하는 일을 해요. 소변, 대변, 땀 등으로 필요 없는 수분을 배출하지요.

그런데 이상하지요? 겨울만 되면 여름보다 소변이 더 자주 마려워요. 왜 그럴까요?

"아이 더워!"

"아이 추워!"

까닭은 날씨에 있어요. 여름에는 더워서 땀이 잘 나요. 우리 몸에 필요 없는 수분을 땀으로 배출하지요.

겨울에는 추워서 땀이 잘 안 나요. 땀으로 수분을 배출하기 어렵지요. 때문에 여름에 땀으로 배출했던 양까지 소변으로 배출하는 거예요. 그러니 겨울이 되면 여름보다 더 자주 소변이 마려운 것이지요.

"또 마렵네!"

소변이 자주 마려운 이유는 또 있어요. 신장에서 만들어진 오줌은 방광이라는 오줌보에 저장돼요.

부르르.

추우면 우리 몸은 수축돼요. 오줌보도 수축되지요. 때문에 겨울에는 여름보다 방광이 작아져 소변을 저장하는 양이 적어져요.

"아이고, 오줌보 터지겠네!"

낮은 기온에 수축된 방광이 여름보다 소변을 많이 저장하지 못하고 자꾸 신호를 보내는 거예요.

"아이고, 오줌이야!"

소변을 볼 때 왜 몸이 떨릴까?

소변은 체온과 비슷한 온도를 가지고 있어요. 겨울에 소변을 볼 때 자기도 모르게 몸이 부르르 떨리는 이유는 체온과 비슷한 소변이 밖으로 나가면서 열을 빼앗아 가기 때문이에요. 우리 몸은 일정한 체온을 유지하려 하기 때문에 근육이 저절로 움직여 떨어진 체온을 끌어올리려는 것이지요. 찬물로 씻거나, 추운 겨울에 몸이 부르르 떨리는 이유도 마찬가지지요.

인체 과학

군침 돌고, 방귀 뀌는 인체 이야기

사람마다 생김새는 다르지만 몸에서 하는 일은 같아요.
엉엉 울면 눈물이 흐르고, 맛있는 걸 보면 군침이 돌아요.
아름다운 공주도 방귀를 뀌고, 멋진 왕자님도 하품을 해요.
우리 몸은 참 신기하지요. 음식을 먹으면 반드시 똥을
싸야 하는 것처럼 인체는 과학적으로 놀라운 일을 하고 있어요.
방귀 이야기, 똥 이야기를 하니까 더러워 보이나요?
방귀도 똥도 인체 과학에서는 무척 중요해요.
코딱지도 마찬가지예요.
더러워 보여도 필요한 일들을 하고 있어요.
내 몸의 이야기, 인체에 대한 궁금한 이야기를 시작할게요.

끔뻑, 눈 깜짝할 새
눈은 어떻게 사물을 알아볼까?

뇌는 우리가 보는 사물을 판단해요. 그렇다면 뇌가 눈일까요?

뇌가 사물을 보기 위해서는 눈이 필요해요. 눈의 맨 앞에는 각막이 있어요. 제일 먼저 빛을 만나는 곳이지요.

다음으로 홍채가 있어요. 홍채는 얇은 근육으로, 빛의 양에 따라 동공의 크기를 조절해 주는 역할을 해요.

동공은 눈 가운데 있는 구멍이에요. 홍채가 동공을 감싸고 있는데, 빛이 강할 때는 홍채가 동공을 조여 좁아지게 만들어요. 한 번에 너무 많은 빛이 눈으로 들어오면 눈부셔서 사물을 알아볼 수 없고, 햇빛에 눈이 다치기도 하니까요.

밤에 자다 깨면 처음에는 아무것도 안 보여요. 하지만 잠시 후 희미하게 사물이 보이기 시작하지요.

이유는 동공이 넓어졌기 때문이에요. 어두우면 동공은 아주 적은 빛이라도 받아들이려고 최대한 넓어지지요.

동공 다음에는 수정체가 있어요. 빛을 모아서 물체의 초점을 맞춰 주는 일을 해요. 수정체가 초점을 맞추면 망막에 상이 맺혀요. 이때 망막에 상이 거꾸로 맺히게 되지요.

수정체는 볼록렌즈같이 생겼어요. 때문에 수정체를 통과한 빛은 볼록렌즈를 통과할 때처럼 굴절되지요. 굴절이란 꺾인다는 말이에요.

물이 담긴 컵에 젓가락 같은 것을 넣어 보면 젓가락이 살짝 꺾인 것처럼 보여요. 이것이 굴절이에요.

망막은 눈의 맨 안쪽에 있어요. 망막에는 빛을 감지하는 1억 3천만 개의 시신경세포가 모여 있어서 수정체가 보내온 빛을 뇌로 전달하는 일을 하지요.

뇌는 시신경에서 보내온 신호를 물체로 해석해 줘요.
"팔랑팔랑 예쁜 노랑나비다!"

양파를 썰면 왜 눈물이 날까?

슬플 때 우리는 눈물을 흘려요. 뇌가 슬픈 기분을 알고 눈물을 흘리도록 눈물샘에 신호를 보내는 것이지요. 그런데 슬프지 않을 때도 눈물이 나요. 엄마가 양파를 썰 때 눈물을 흘리기도 하지요. 양파 써는 것이 슬퍼서일까요? 이유는 양파의 매운 냄새 알갱이들이 눈으로 들어오기 때문이에요. 눈이 매우니까 눈물샘에서 눈물이 나와 매운 눈을 씻겨 주는 것이지요.

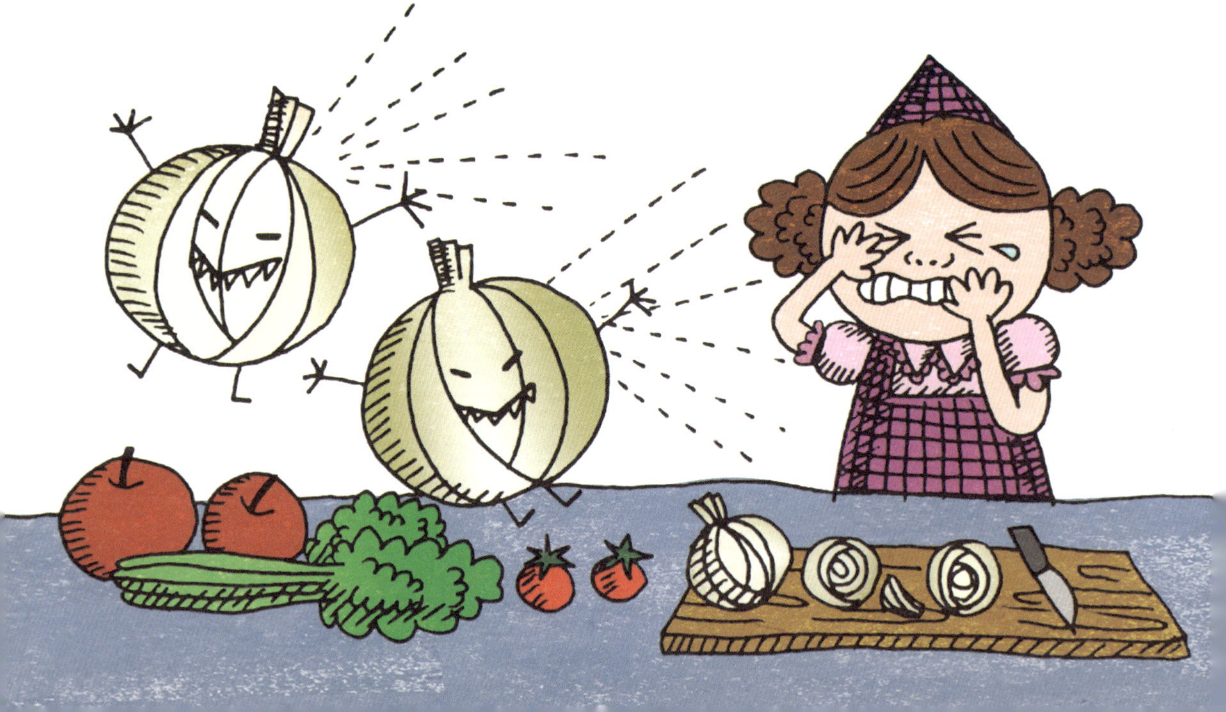

코가 없으면 맛을 제대로 느낄 수 없다고

코는 어떻게 냄새를 맡을까?

코에는 왜 구멍이 있을까요?

코에 구멍이 있는 까닭은 숨을 쉬는 것과 관련이 있어요.

공기는 콧구멍을 통해 드나들지요. 공기가 콧구멍을 통해 드나들며 숨을 쉬기도 하고, 냄새를 맡기도 하는 거예요.

"음, 맛있는 냄새가 나는걸."

우리가 맡는 냄새는 분자라는 아주 미세한 냄새 알갱이들이에요. 아주 작은 냄새 알갱이들이 공기 중에 퍼져 공기와 함께 우리 콧속으로 들어오면,

"고기 냄새로구나!"

하고 냄새를 알아차리는 거예요.

코 안쪽 깊숙한 곳에 콧구멍보다 훨씬 넓은 공간이 있어요. 냄새를 감지하는 세포들이 천만 개도 넘게 있

지요. 그래서 냄새로도 맛을 느낄 수 있어요. 냄새가 뇌로 전달돼서 맛을 알아내는 것이지요.

"킁킁. 냄새가 안 나."

감기에 걸려 코가 막히면 냄새를 잘 맡지 못해요.

"입맛이 없어."

냄새를 맡지 못하면 입맛도 없어져요.

코에 있는 냄새 맡는 세포들이 입에서 맛을 느끼는 세포들보다 훨씬 많거든요. 코가 더 다양한 냄새를 맡기 때문에 맛을 더 잘 느낄 수 있는 거예요.

"어딜 도망가려고!"

코 안에 냄새 알갱이들이 들어오면 끈적끈적한 액체들이 냄새 알갱이들을 붙잡아요. 그러면 세포들이 냄새를 감지하여 후각신경으로 전달하고, 뇌는 재빠르게 판단하지요.

"욱, 이건 똥 냄새잖아!"

울 때 왜 콧물도 같이 나올까?

엉엉 울다 보면 콧물이 나오기도 해요. 감기에 걸린 것도 아닌데 왜 콧물이 나오는 걸까요? 조금 울 때는 콧물이 안 나지만 엉엉 울다 보면 눈물샘의 눈물이 넘쳐나서 눈물주머니로 들어가요. 그러다 눈물주머니가 꽉 채워지면 더 이상 눈물을 보관하지 못하고 코로 들어가지요. 우리 몸은 얼굴 안쪽으로 눈코입이 다 연결되어 있어서 눈에서 눈물이 주르르 흐르고, 눈물주머니에서 넘쳐난 눈물이 코로 들어가 콧물이 나오는 거예요.

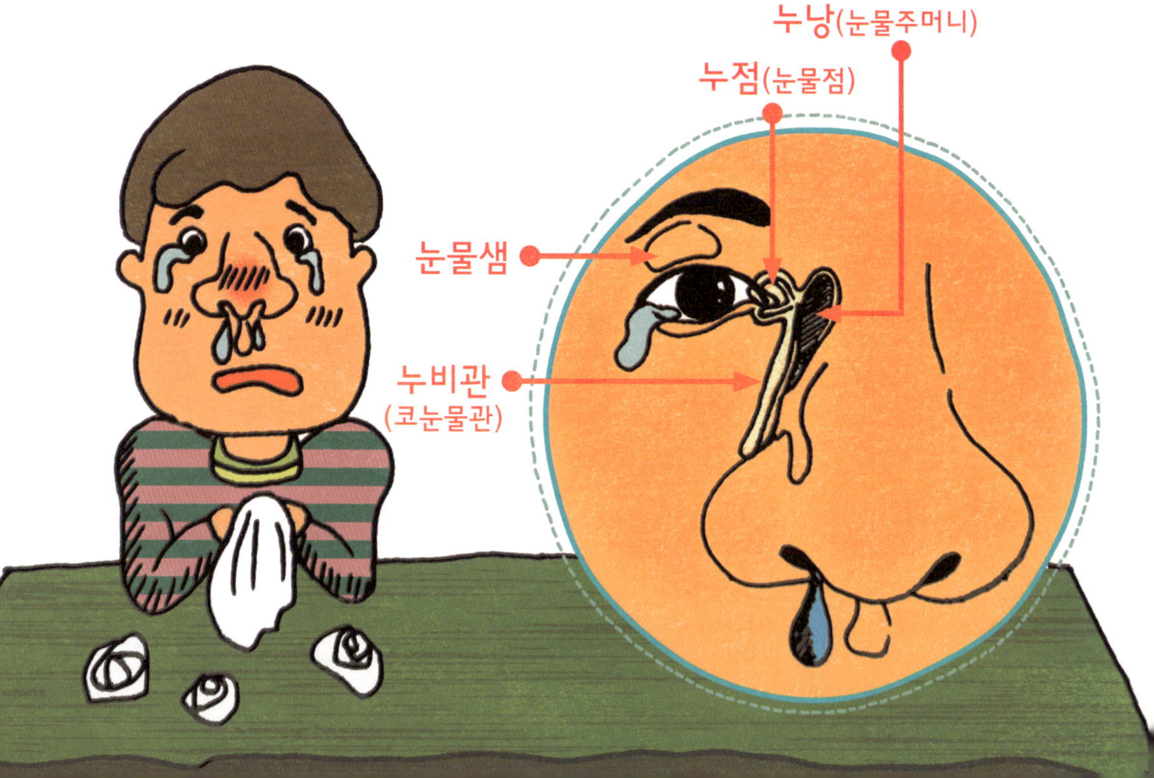

누낭(눈물주머니)
누점(눈물점)
눈물샘
누비관(코눈물관)

아삭아삭, 오독오독, 사각사각
입은 어떻게 음식을 씹고 맛을 볼까?

입은 참 많은 일을 해요.

우선 말을 해요. 입이 없으면 친구들과 이야기 나누기 불편하지요. 종이에 쓰거나 수화를 해야 이야기를 나눌 수 있어요.

입이 없으면 숨 쉬기도 어려워요. 우리는 입과 코로 숨을 쉬어요. 그런데 입을 막고 코로만 숨을 쉬는 것은 불편해요. 입과 코가 함께 숨을 쉬어야 편하게 생활할 수 있어요.

그리고 무엇보다 입으로 음식을 먹을 수 있어요.

"달콤해!"

혀가 제일 먼저 맛을 봐요. 혀에는 맛을 느낄 수 있는 미각세포들이 있어요. 약 8,000개의 미각세포들이 입안에 들어온 음식의 맛을 알아내지요.

"이건 너무 짜!"

짠맛은 혀 양쪽에 있는 미각세포들이 잘 느끼고, 신맛은 혀 뒤쪽, 쓴맛은 혀 가장 뒤쪽에 있는 미각세포들이 잘 느껴요.

"달콤해!"

단맛은 제일 앞쪽인 혀끝에서 잘 느껴요.

"오독오독!"

튼튼한 이는 음식을 잘게 부숴요. 이때 입안에 침이 나오지요. 그런데 입안에 침이 안 돌면 어떻게 될까요?

"딱딱해서 삼킬 수가 없잖아!"

침은 음식을 부드럽게 만드는 일을 해요. 침에 있는 소화효소가 음식을 삼키기 쉽도록 촉촉하고 부드럽고 말랑하게 만드는 일을 하지요.

"꿀떡꿀떡."

혀가 맛보고, 이가 씹고, 침이 부드럽게 만들어 음식이 꿀떡꿀떡 잘 넘어가는 거예요.

꿀꺽, 군침은 왜 생기는 걸까?

맛있는 음식을 보면 군침이 돌아요. 음식을 먹지도 않았는데 보는 것만으로 군침이 돌 때가 있지요. 왜 그럴까요? 군침이 도는 것은 아주 당연한 일이에요. 우리 뇌는 맛을 기억하고 있어요. 특히 좋아하는 냄새를 잘 알지요. 때문에 맛좋은 음식을 보면 냄새에 자극을 받아 군침이 도는 거예요. 침이 소화를 돕겠다고 미리 나와 대기하는 것이지요.

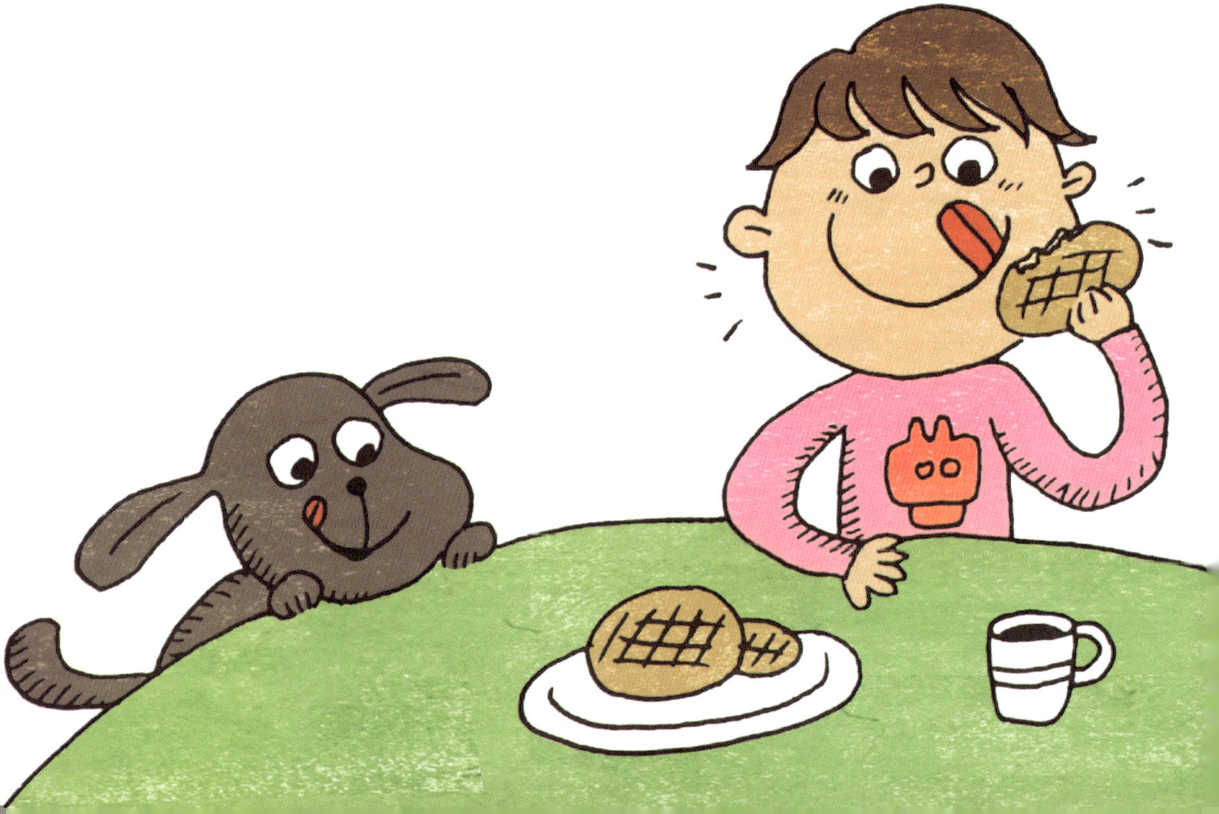

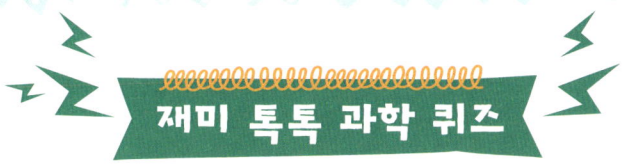

재미 톡톡 과학 퀴즈

*안전하게 사다리를 타면 답을 찾을 수 있어요.

손톱은 1년에 얼마나 자랄까?

1　2　3　4

2cm　4cm　7cm　10cm

귓속에 달팽이

귀는 어떻게 소리를 들을까?

우리 귓속에 달팽이가 있어요.

달팽이집을 등에 지고 꾸물꾸물 기어가는 달팽이일까요?

만약 그렇다면 귓속이 무척 간지러울 거예요.

"뭐라고? 무슨 소린지 모르겠어."

너무 간지러워서 소리도 제대로 못 들을 거예요.

귓속에 있는 달팽이는 소리를 듣는 달팽이예요.

정확히 말하면 달팽이를 닮은 달팽이관이지요.

소리는 공기가 진동해서 만들어지는 거예요.

우리가 "친구야!" 하고 부르면 그 소리가 공기와 부딪혀 우리 귀로 들어오지요.

공기가 부딪히는 진동 소리가 귓구멍을 타고 귀 안쪽 고막에 부딪혀요.

고막은 탄력이 있어서 작은 진동도 잘 들어요. 탄력

이 좋은 트램펄린에서 뛰면 땅에서 뛰는 것보다 훨씬 높이 뛰어오를 수 있는 것처럼 작은 진동도 탄력 있는 고막에 부딪혀 더 잘 느껴지는 것이지요.

고막을 진동시키면 고막과 연결된 작은 세 개의 뼈를 지나 달팽이관으로 진동이 전달돼요.

달팽이관에는 작은 섬모들이 있어요. 아주 부드럽고 작은 털 같은 세포라고 생각하면 돼요.

고막을 타고 들어온 진동은 달팽이관의 작은 섬모들을 흔들어 청각신경으로 전달되어 뇌가 소리를 판단하게 되는 거예요.

"아이, 어지러워!"

달팽이관에는 반고리관이라는 세 개의 고리가 붙어 있어요. 반고리관은 균형 감각을 느끼게 해 주는 곳이에요.

반고리관 안쪽에는 작은 섬모 세포가 나 있고, 액체가 채워져 있어요. 우리가 움직일 때마다 액체도 같이 움직여 우리가 어느 쪽으로 움직이는지, 얼마나 빨리 움직이는지 쉽게 느끼게 해 주지요.

 눈곱, 코딱지, 귀지는 왜 생기는 걸까?

귀지는 귓속의 때예요. 귓구멍으로 들어간 먼지와 귀 안에서 떨어진 각질 같은 피부가 뭉쳐져 만들어진 것이지요. 코딱지도 마찬가지예요. 콧속으로 들어간 먼지가 콧물과 엉겨 만들어지는 것이에요. 눈곱은 먼지와 눈물이 엉겨 만들어지거나, 눈을 보호하기 위해 눈동자 위를 감싸고 있는 기름막이 눈 가장자리에 쌓여 만들어지지요.

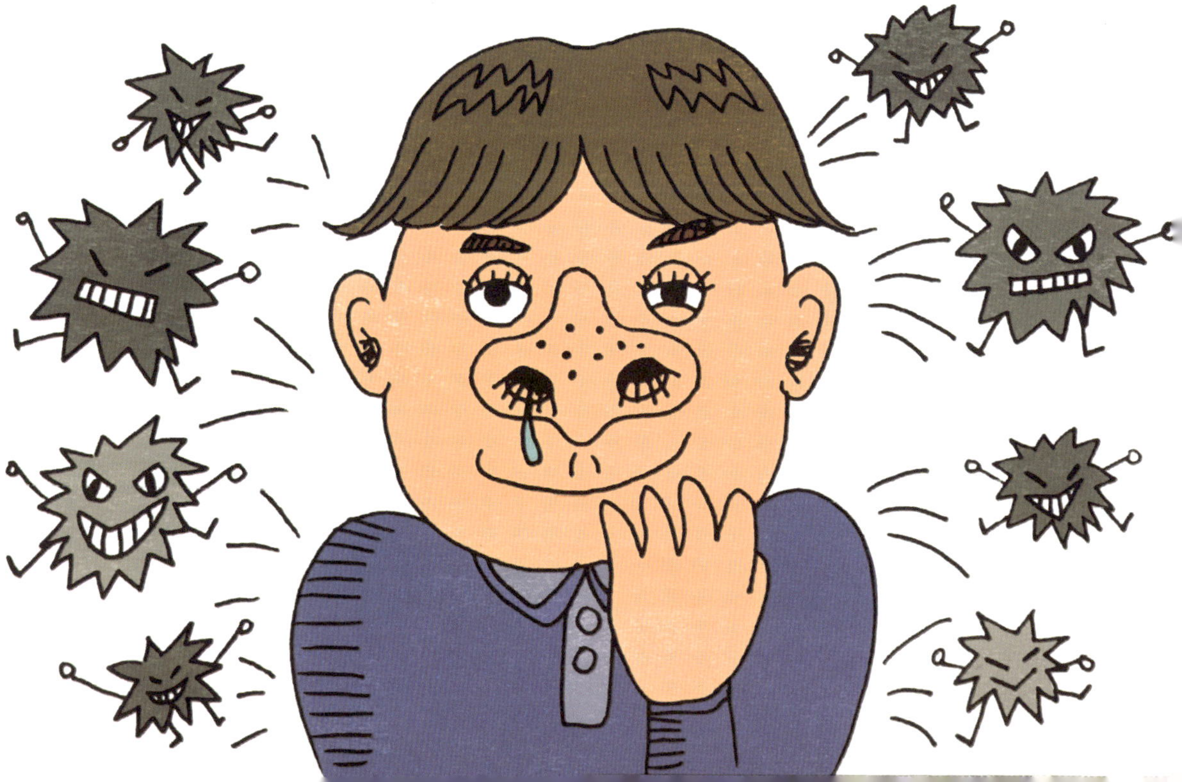

흐물흐물 달리기가 뭐야

우리 몸에 뼈가 없으면 어떻게 될까?

우리 몸에 뼈가 없다면 어떻게 될까요?

"안녕, 지렁이 인간!"

뼈가 없다면 지렁이처럼 기어 다녀야 할 거예요.

"안녕, 달팽이 인간!"

"안녕, 해파리 인간!"

달팽이처럼 기어 다니거나, 해파리처럼 흐물흐물 하겠지요.

근육이 아무리 튼튼해도 뼈가 없다면 똑바로 설 수 없답니다.

우리 몸에는 크고 작은 206개의 뼈가 있어요.

뇌를 보호해 주는 두개골부터 발가락 끝에까지 뼈로 이루어져 있지요.

뼈가 왜 이렇게 많을까요?

만약 뼈가 하나로 이루어져 있다면 어떻게 될까요?

아마 우리는 나무 같을 거예요.

나무는 꼿꼿이 서 있지만 움직이지 못하잖아요.

우리가 움직일 수 있는 것은 뼈와 뼈를 연결해 주는 관절이 있기 때문이에요.

다리를 구부리고 펴는 것은 무릎관절이 있기 때문에 가능해요. 허벅지뼈와 종아리뼈를 연결해 주는 것이 무릎관절이지요. 무릎관절이 없다면 우리는 다리를 오므렸다 폈다 할 수 없어요.

팔도 마찬가지고 허리, 엉덩이, 목, 손목, 발목 등 모두 마찬가지예요.

근육은 뼈가 없다면 흐물흐물한 고깃덩이 같을 거랍니다.

뼈는 근육과 신경, 핏줄 등 우리 몸을 이루는 부드러운 인체 조직들을 지탱해 줘요. 또한 몸 안의 장기들을 보호해 주는 역할도 해요.

갈비뼈는 심장과 폐 같은 중요 기관들을 보호하고 있지요.

 **몸 밖에 뼈가 있다고?**

사람 뼈는 몸 안에 감춰져 있어요. 그런데 뼈가 몸 밖에 있는 동물들도 있지요.

대표적인 동물이 곤충과 게, 거미 등이에요. 게를 한번 생각해 보세요. 딱딱한 껍질과 다리를 가지고 있지요. 이것이 '외골격'이라는 뼈예요. 몸 밖에 있는 뼈라는 의미로 외골격이라고 하지요. 무척추동물 중에는 이처럼 외골격을 가진 동물들이 많이 있어요. 무척추동물은 척추가 없는 동물을 말해요. 척추는 목부터 엉덩이까지 연결되는 등뼈를 말하지요.

입이 있어도 말을 못 한다고
근육은 무슨 일을 할까?

근육이 없다면 입이 있어도 말을 못 해요.

눈이 있어도 눈 깜짝도 못 하고, 코가 있어도 코를 킁킁거릴 수 없지요.

근육은 우리 몸 전체를 감싸고 있어요.

얼굴만 살펴봐도 이마를 움직이는 데 도움을 주는 전두근이 있고, 눈썹을 깜빡이는 데 도움을 주는 눈둘레근, 볼을 움직이는 데 도움을 주는 볼근 등 아주 많은 근육들이 있지요.

말을 하려면 입을 움직일 수 있게 해 주는 입둘레근이 필요하고, 혀를 움직일 수 있게 해 주는 혀근육도 필요하지요.

눈짓 하나부터 달리기까지 우리의 모든 움직임에 근육의 도움이 필요해요. 우리 몸에는 크고 작은 근육이 무려 600개 넘게 있지요.

근육은 크게 세 가지로 구분할 수 있어요. 심장을 이루는 심장근과 위나 창자 같은 소화기를 이루고 있는 내장근, 그리고 가장 많은 근육을 차지하는 골격근이 있어요.

골격근은 뼈를 지탱하거나 움직이게 하는 근육이에요.

골격근은 어떻게 뼈를 움직일까요?

근육은 수축 운동을 통해 움직여요. 수축은 오그라드는 것을 말해요. 쉽게 말해 줄었다 펴졌다 한다고 생각하면 되지요.

골격근은 뼈에 붙어 있고, 그 근육들은 앞뒤로 쌍을 이루고 있어요. 예를 들면 팔을 구부릴 때는 팔의 앞면에 있는 이두박근이 수축하며 팔을 당기고, 오므렸던 팔을 펼 때는 뒤쪽 삼두박근이 수축을 통해 근육을 잡아당겨 팔을 펴는 것이지요.

근육은 이처럼 수축을 통해 팔을 구부렸다 펴고, 발을 돌리고, 허리를 돌리고, 걷고, 뛰는 것이지요. 물론 근육을 움직이게 하는 것은 뇌예요. 뇌가 명령을 해야 운동신경이 근육을 움직이게 하지요.

호기심 톡톡

고무인간이 될 수 있을까?

운동을 하면 영화 속에 나오는 고무인간처럼 팔이 쭉쭉 늘어날까요? 아무리 근육이 발달한다 해도 고무인간처럼 근육이 늘었다 줄었다 하지는 못해요. 근육은 대부분 쌍을 이루고 있으며, 뼈를 움직이기 위해 밀고 당기기를 반복해요. 근육만 늘어난다고 팔이 늘어나지는 않아요. 만약 근육과 함께 피부와 혈관, 뼈 등도 함께 늘어난다면 또 모르지만요.

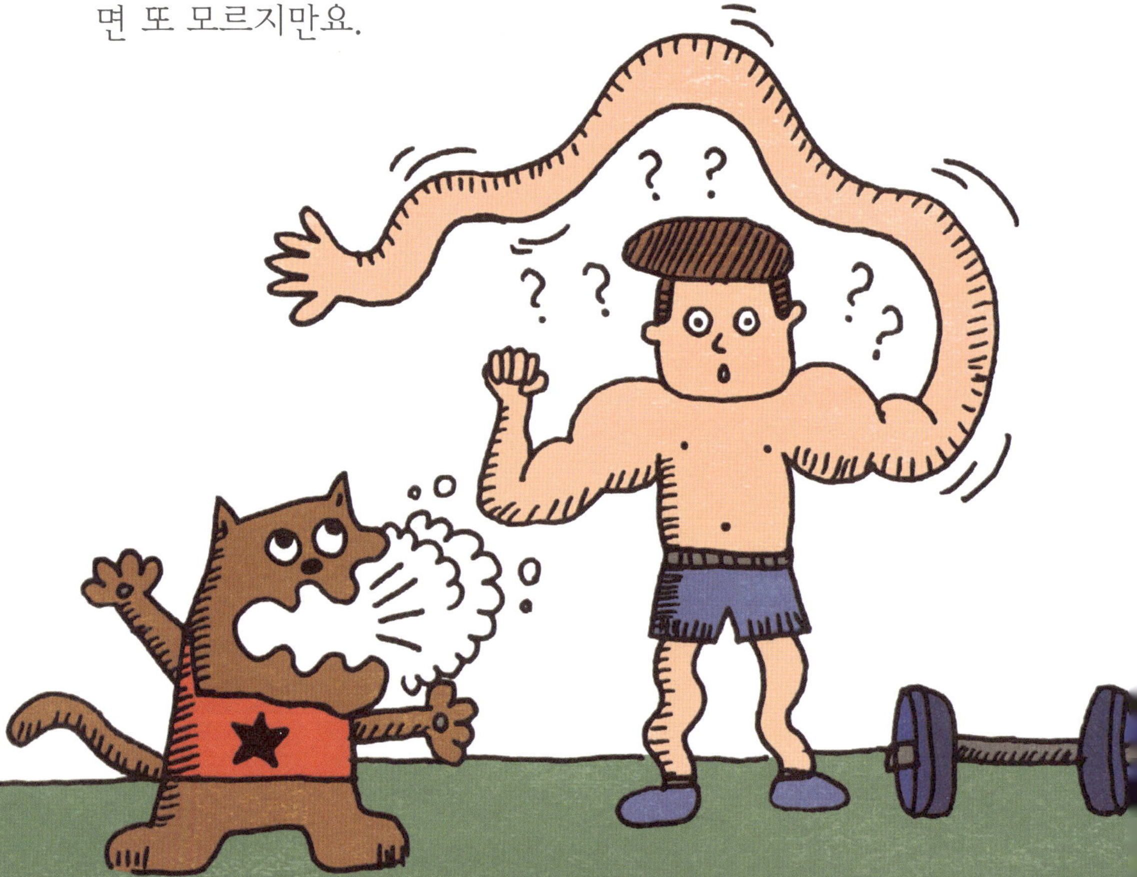

재미 톡톡 과학 퀴즈

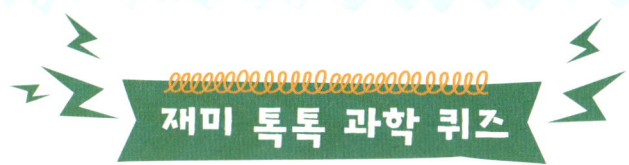

*안전하게 사다리를 타면 답을 찾을 수 있어요.

머리카락은 한 달에 얼마나 자랄까?

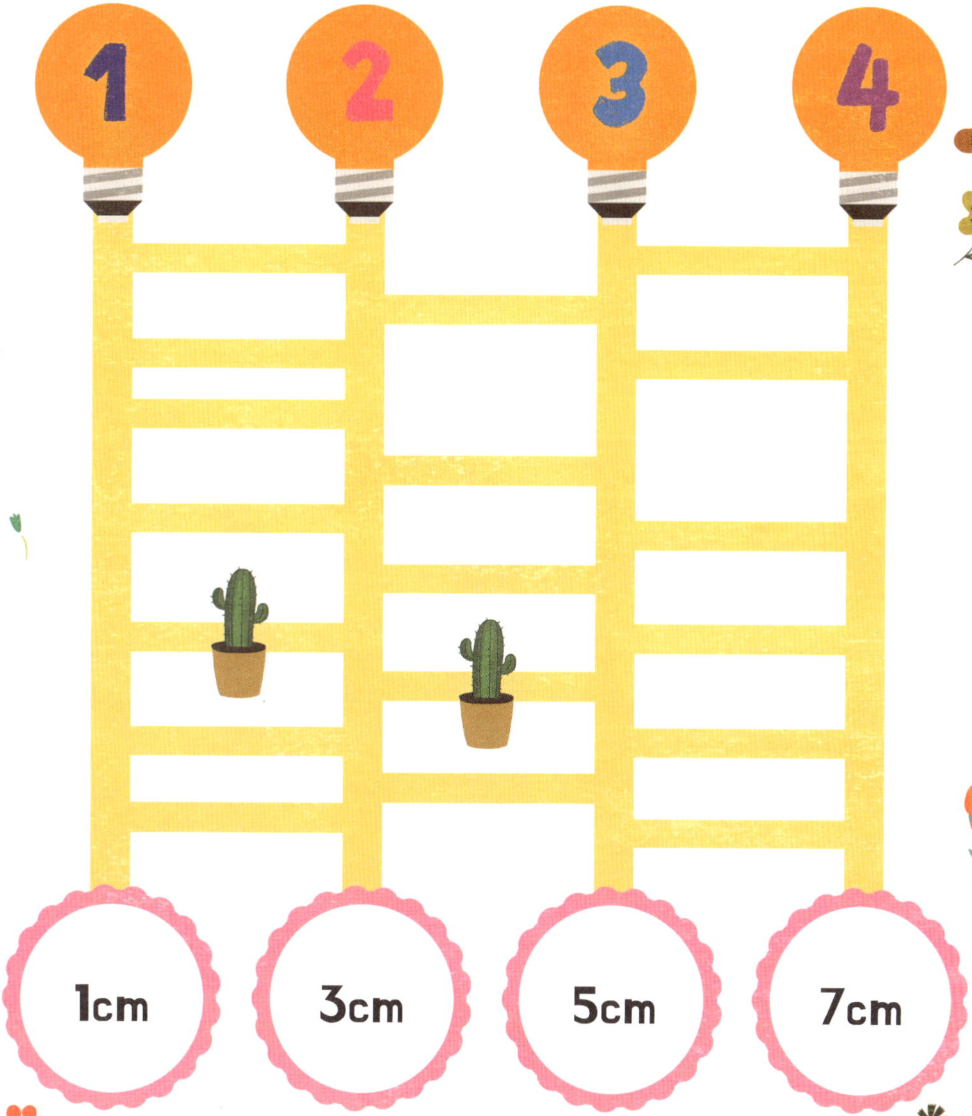

1
2
3
4
1cm
3cm
5cm
7cm

피부 갑옷이 뭐지

피부는 무슨 역할을 할까?

피부는 우리 몸을 감싸 주는 갑옷이에요.
피부가 없다면 우리는 피를 흘리며 다닐지도 몰라요.
피부가 근육과 혈관, 뼈 등을 감싸고 있거든요.
"맞아. 그래서 나는 아주 튼튼한 피부를 가지고 있지!"
코끼리가 진흙 목욕을 하며 피부 자랑을 하네요.
"야생에서 살아가려면 나처럼 두껍고 질긴 피부를 가져야 해!
"네 피부는 너무 두껍고 무거워. 나처럼 얇고 부드러워야지."
나뭇잎을 기어가던 달팽이가 말해요.
두꺼운 피부와 얇은 피부, 어떤 피부가 좋은 걸까요?
그것은 동물 특성에 따라 달라요. 코끼리처럼 몸집이 크고 거친 야생에서 생활하려면 몸을 보호해 줄 수 있는 두꺼운 피부가 좋을 것이고, 달팽이처럼 작은 동물은 피부가 너무 두껍고 거칠면 기어 다니기 힘들 거예요.

코끼리는 피부가 거칠고 두꺼워서 주름이 많이 생기지만, 얇은 피부보다는 상처가 덜 나요.

달팽이는 피부가 얇아 주름은 없지만 상처가 나기 쉬워요. 그래서 기어 다닐 때마다 진액을 잔뜩 뿌리면서 다니지요.

피부는 이처럼 동물들 특성에 맞게 만들어졌어요. 사람의 피부는 0.25센티미터 정도 돼요. 피부 맨 겉면을 '표피'라고 하고, 표피 안쪽은 '진피'라고 해요.

표피를 이루는 표피세포는 시간이 지나면서 계속 새 것으로 바뀌어요. 피부에 각질이 일어나고 때가 나오는 것이 바로 표피세포가 떨어져 나가는 것이지요.

진피층에는 땀샘과 모근, 지방샘 등이 있어요. 피부에서 땀이 나고, 털이 나고, 여드름 같은 것이 나오는 것이 진피층에서 만들어지는 것이지요.

 피부에 땀샘이 없다면 어떻게 될까?

피부에 땀샘이 없다면 개처럼 될 거예요. 개는 피부에 땀샘이 없거든요. 그래서 여름이 되면 혀를 쭈욱 내밀고 헥헥거리는 거예요. 땀샘은 우리 몸의 체온을 조절해 줘요. 더운 여름이나 운동 후 열이 나면 우리 몸은 땀샘을 통해 땀을 배출하여 몸 안의 열을 밖으로 배출하지요. 그런데 만약 땀샘이 없다면 몸 안의 열이 계속 올라 죽을지도 몰라요. 아니면 개처럼 혀를 내밀고 헥헥거리며 다녀야겠지요!

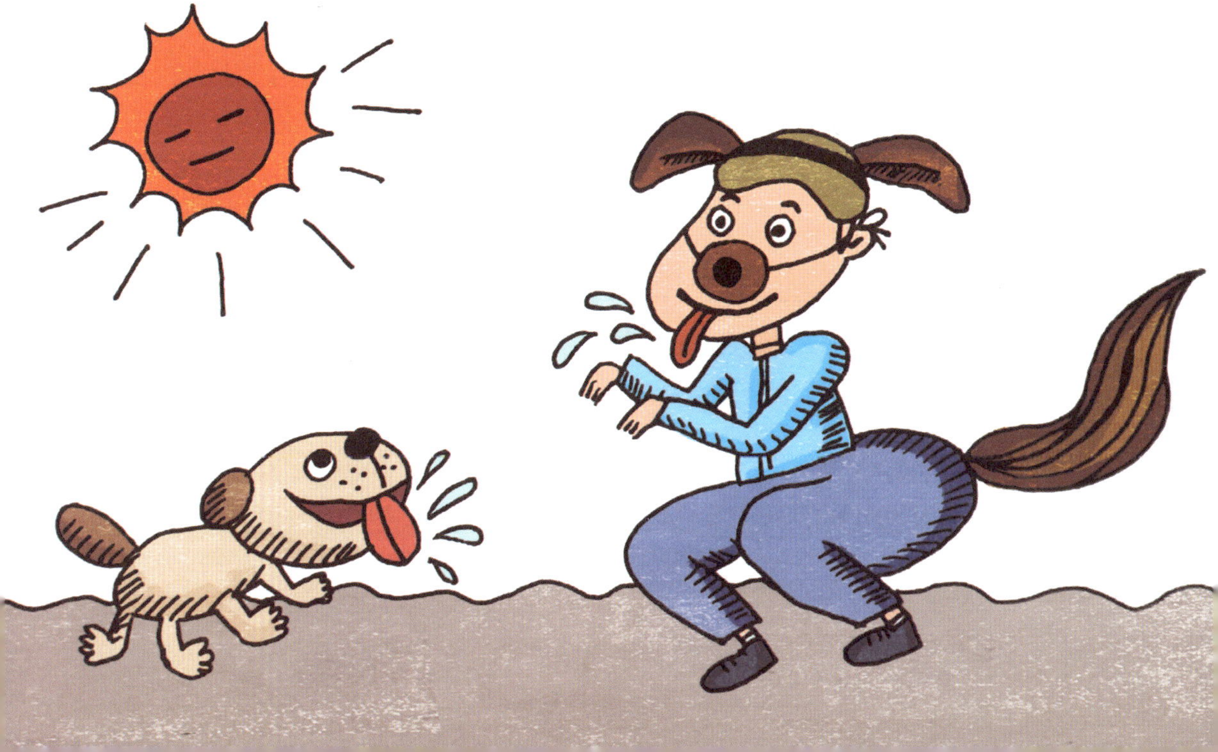

게으름뱅이도
숨쉬기 운동은 멈출 수 없어
우리는 어떻게 숨을 쉴까?

숨쉬기는 천하의 게으름뱅이도 멈출 수 없어요.

잠을 잘 때도 우리는 숨을 쉬어요.

숨쉬기를 멈추면 숨이 막혀 죽게 되지요.

숨쉬기는 호흡이라고 해요. 숨을 쉰다는 것은 코와 입을 통해 공기를 들이마시는 거예요.

공기를 들이마시면 허파가 크게 부풀려져요. 허파에 공기를 채우기 위해서지요.

공기 속에는 산소가 있어요. 우리가 숨을 쉬는 이유는 산소를 공급받기 위해서예요.

"산소야, 어서 와!"

호흡을 통해 허파로 산소가 들어오면 혈액이 산소를 데려가요.

산소는 피에 섞여 당분을 에너지로 바꾸는 일을 하거든요.

산소가 없다면 작은창자에서 흡수된 당분과 비타민 같은 영양분을 에너지로 바꿀 수 없어요.

뇌에 산소가 공급되지 않으면 우리 뇌는 멈춰 버리지요.

허파에는 포도송이 같은 허파꽈리들이 있어요. 허파꽈리는 아주 가는 핏줄인 모세혈관으로 둘러싸여 있어요.

"이산화탄소야, 이리 오렴."

허파는 공기를 들이마시는 일도 하지만, 몸속 공기를 내보내는 일도 해요.

산소가 당분을 에너지로 만들 때 몸속에 이산화탄소가 만들어져요. 그런데 이산화탄소는 우리 몸에 좋지 않아요. 허파꽈리의 모세혈관은 피에 산소를 전달하고, 피 속 이산화탄소를 잡아내요. 그러면 허파는 내쉬기를 통해 이산화탄소를 몸 밖으로 내보내지요.

하품은 왜 하는 걸까?

졸리면 하품이 나와요. 지루할 때도 하품이 나오지요. 하품은 왜 하는 걸까요? 까닭은 여러 가지예요. 공기가 탁해도 하품이 나오지요.

하품을 하는 이유는 산소를 많이 들이마시기 위해서예요. 산소를 많이 들이마셔서 혈액 순환을 좋게 하려는 것이지요. 하품을 하면 평소 숨 쉴 때보다 더 많은 공기를 빨아들일 수 있으니까요. 하품을 통해 산소를 많이 빨아들여 머리를 맑게 하려는 노력인 거예요.

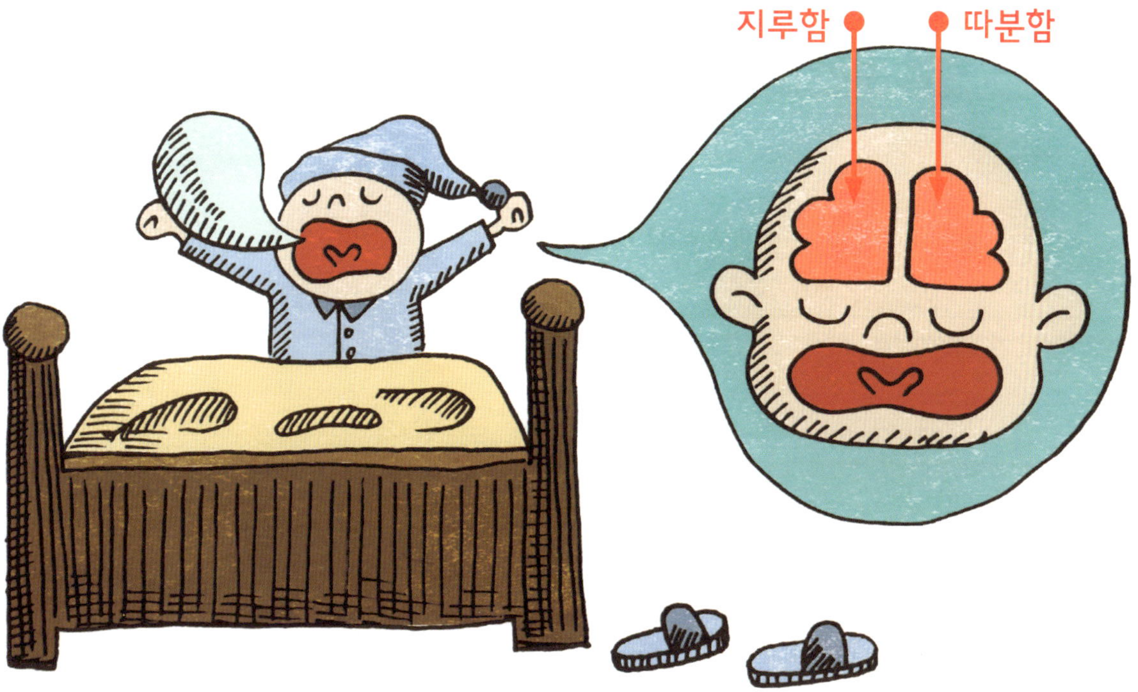

지루함 따분함

심장은 잠잘 때도 뛸까

심장은 무슨 일을 할까?

두근두근.

심장 뛰는 소리예요. 가슴에 귀를 대면 심장이 두근거리는 것을 느낄 수 있어요. 청진기를 갖다 대면 더 잘 들을 수 있지요.

심장은 부지런쟁이예요. 날마다 하루도 빼지 않고, 한 시간도 빼지 않고 1분 1초도 쉴 수 없다는 듯이 두근두근 움직이지요.

뇌가 우리 몸을 지휘하지만, 심장은 뇌의 명령 없이도 뛰어요.

물론 심장이 빠르게 뛰면 호흡을 가다듬으라고 알려주기는 하지만 정상적으로 두근두근 운동하는 것은 심장이 알아서 하지요.

심장은 아주 탄력 있는 근육으로 되어 있어요.

심장 근육이 오므라들었다 펴졌다 하면서 펌프질 하

듯 피를 온몸에 보내는 것이지요.

"심장아, 너는 왜 그리 바쁘게 움직이니?"

"머리부터 발끝까지 피를 전달해야 하거든."

"피를 왜 전달해야 하는데?

"피 속에 산소와 영양분이 들어 있거든. 내가 계속 움직여야 피 속 산소와 영양분을 온몸에 전달할 수 있어."

심장이 두근두근 잘 뛴다는 것은 우리 몸이 건강하다는 증거예요.

심장은 1분에 몇 번 뛸까요?

1분에 보통 60~80번 뛰어요.

그렇다면 우리가 잠이 들면 심장도 잠을 잘까요?

"나는 잠잘 때도 멈추지 않아. 다만 좀 느려지지. 크게 활동을 하지 않으니 천천히 뛰는 거야. 내가 멈추면 우리 생명이 위험하잖아."

반면에 운동을 하면 산소를 많이 소비하기 때문에 심장이 빨리 뛰어요. 피에 산소를 실어 나르므로, 부족해진 산소를 몸 곳곳에 전달하기 위해 심장이 빨리 뛰게 되는 것이지요.

피는 왜 빨갛지?

피가 빨간 이유는 적혈구 속 헤모글로빈이라는 성분 때문이에요. 헤모글로빈이 없다면 피는 다른 색으로 보일 거예요. 피는 대부분 혈장으로 이루어져 있는데 혈장 안에 적혈구, 백혈구, 혈소판 등이 모여 있어요. 적혈구는 산소를 운반하는 헤모글로빈이 들어 있는 물질이고, 백혈구는 몸속으로 침입한 균을 죽이는 물질이에요. 혈소판은 상처가 나서 피가 날 때 피를 멈추게 해 주는 물질이랍니다.

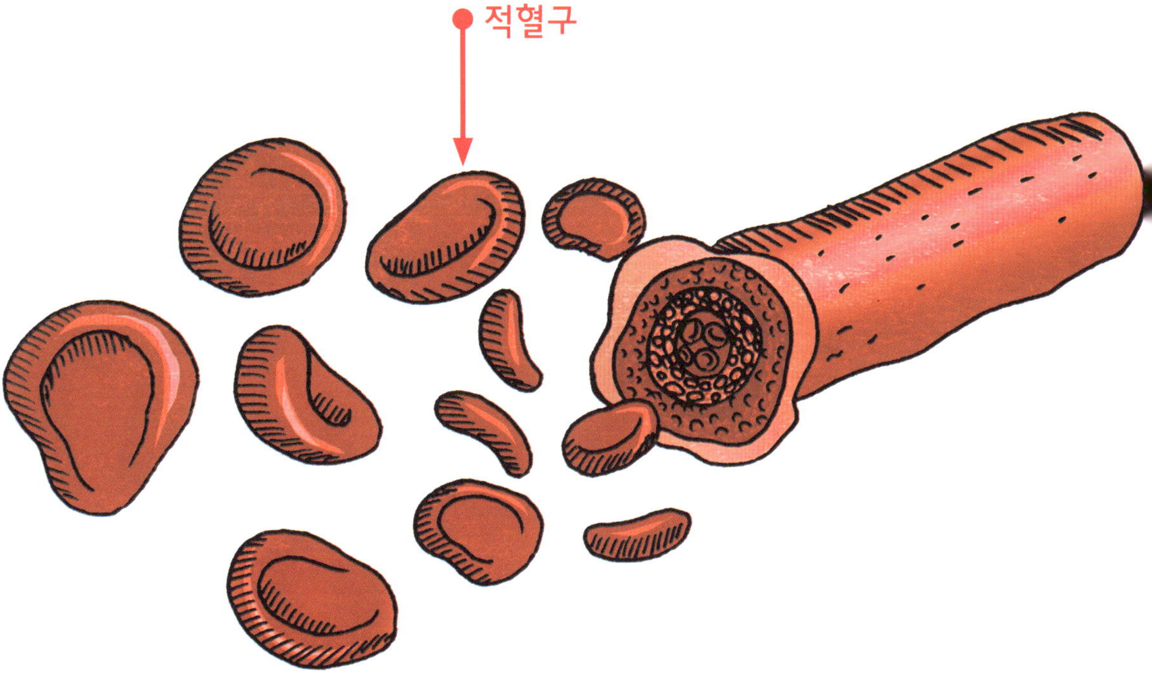

● 적혈구

재미 톡톡 과학 퀴즈

*안전하게 사다리를 타면 답을 찾을 수 있어요.

눈 깜짝할 새는 대략 몇 초일까?

1	2	3	4
0.01 ~ 0.02초	0.05 ~ 0.1초	0.2 ~ 0.3초	0.4 ~ 0.5초

뇌가 대장이라고
뇌는 무슨 일을 할까?

"이건 작년에 할머니께서 만들어 주신 거야."
뇌가 없다면 우리는 기억이라는 것이 없을 거예요.
친구와 장난치던 기억도, 아빠랑 놀러 갔던 기억도, 엄마가 해 준 선물도 모두모두 기억나지 않을 거예요.
뇌가 없다면 기억만 못 할까요?
말도 못 하고, 먹지도 못하고, 사물을 알아보지도 못하고, 냄새도 못 맡을 거예요.
손가락도 못 움직이고, 걷지도 못할 거에요.
그뿐인가요?
"하하하, 깔깔깔!"
웃지도 울지도 못해요. 기쁨과 슬픔, 즐거움과 짜증 등 감정도 못 느끼지요.
왜냐하면 뇌가 신경을 조절하거든요. 뇌에는 중추신경계가 있어요. 중추신경계는 판단하고 명령하는 중요한 신경계예요.

　말을 하게 하는 언어중추가 혀와 입을 움직여 말을 하게 만들고, 귀로 들은 소리는 청각중추가 무슨 소리인지 판단하지요.

　운동중추는 몸의 움직임을, 시각중추는 보는 것을, 미각과 후각중추는 맛과 냄새를 판단해요.

　물론 뇌가 혼자 할 수 있는 일은 아니에요. 뇌가 생각하고 판단하고 명령하기 위해서는 척수와 말초신경들의 도움이 필요해요.

　척수는 등뼈 속에 길게 뻗은 중추신경계의 일부분이에요. 중추신경과 말초신경을 연결해 주는 다리 역할을 하는 신경계지요.

　말초신경은 중추신경 바깥에 있는 신경들을 말해요. 부드럽고, 따갑고, 배 아픈 등의 각종 감각이나 운동 자극을 전달하는 통로 역할을 하지요.

　우리는 느낄 수 없지만 뇌는 머리부터 발끝까지 연결된 수많은 신경과 미세한 전기 신호를 주고받아요. 그 전기 신호로 우리 몸이 무엇을 느끼고, 어떻게 해야 하는지 판단하고 명령하지요.

날마다 꿈을 꾼다고?

우리는 잠잘 때 꿈을 꾸어요. 날마다 꾸지요. 사람뿐 아니라 동물들도 꿈을 꾼답니다. 하지만 아침에 일어났을 때 아무 생각이 나지 않을 때가 많아요. 꿈을 꾼 줄도 모르지요. 하지만 잠을 자는 동안 낮에 있었던 일, 생각, 보고 느낀 것 등이 어우러져 재미있고 신기하고 때로는 무섭고 놀라운 꿈을 매일 꾼답니다.

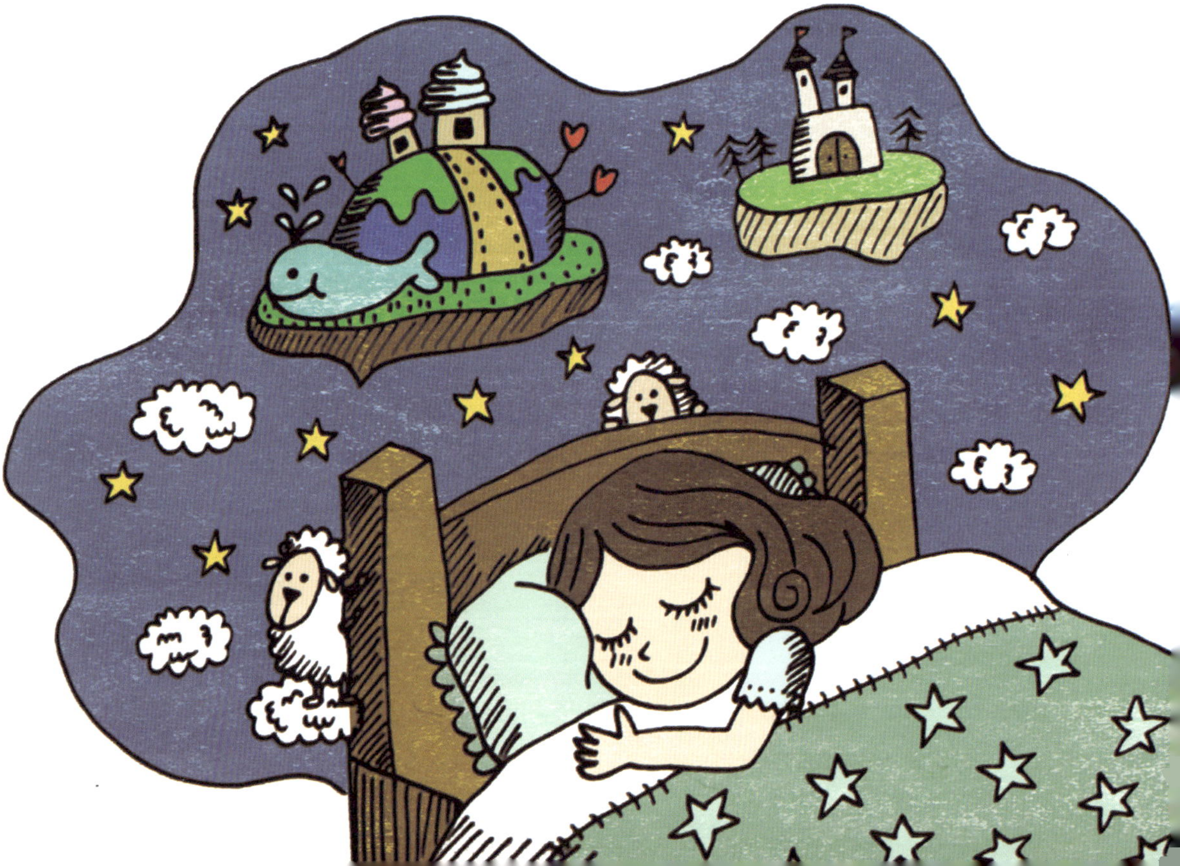

오물오물 뿌웅

음식물은 어떻게 똥으로 나올까?

우리는 왜 똥을 쌀까요?
냄새나고 더러운 똥을 안 쌀 수는 없을까요?
하지만 먹으면 반드시 똥을 싸야 해요.
똥은 음식물의 소화 찌꺼기예요. 모든 동물들이 먹고 싸지요.
"오물오물. 내가 으깨 줄게."
음식이 입으로 들어오면 이가 잘게 부수고, 침이 부드럽게 만들어요.
"꿀떡."
잘 으깨진 음식은 식도를 따라 위로 내려가요.
"지금부터 소화를 시켜 줄게."
위에는 음식의 소화를 돕는 위산이라는 액체가 있어요. 위에 음식물이 들어오면 위산이 나와서 음식물을 소화시키기 시작하지요.

꿀렁꿀렁 꿀렁꿀렁.

위산은 음식물을 죽처럼 만들어서 작은창자로 보내요.

호록호록.

작은창자 벽에는 섬모들이 있어요. 이 섬모들이 죽처럼 된 음식물에서 당과 비타민 같은 영양분을 쏙쏙 흡수하지요.

작은창자에서 영양분이 흡수되고 남은 음식물은 큰창자로 가요.

"물기를 쪽!"

큰창자는 죽처럼 된 음식물에서 수분을 빼내요. 똥을 만드는 거지요.

수분이 빠진 음식물은 단단해지며 우리가 알고 있는 똥이 돼요.

단단해진 음식 찌꺼기가 큰창자 끝에 모이고 모이면 신호가 오지요.

"똥, 똥, 똥 마려워!"

호기심 톡톡

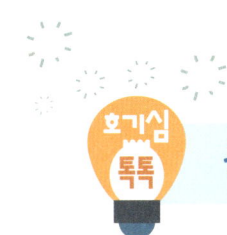

공주도 방귀를 뀔까?

누구나 방귀를 뀌어요. 하루 평균 14번 정도 방귀로 몸 안의 가스를 내보내지요. 방귀는 음식물이 소화되면서 만들어지는 가스예요. 가스가 대장에 오면 대장 안 박테리아들이 소화가 덜 된 가스들을 공격해요. 그러면 가스들이 대장 끝부분인 직장 쪽으로 밀려 나가면서 "뿌웅!" 하고 방귀를 뀌게 된답니다.

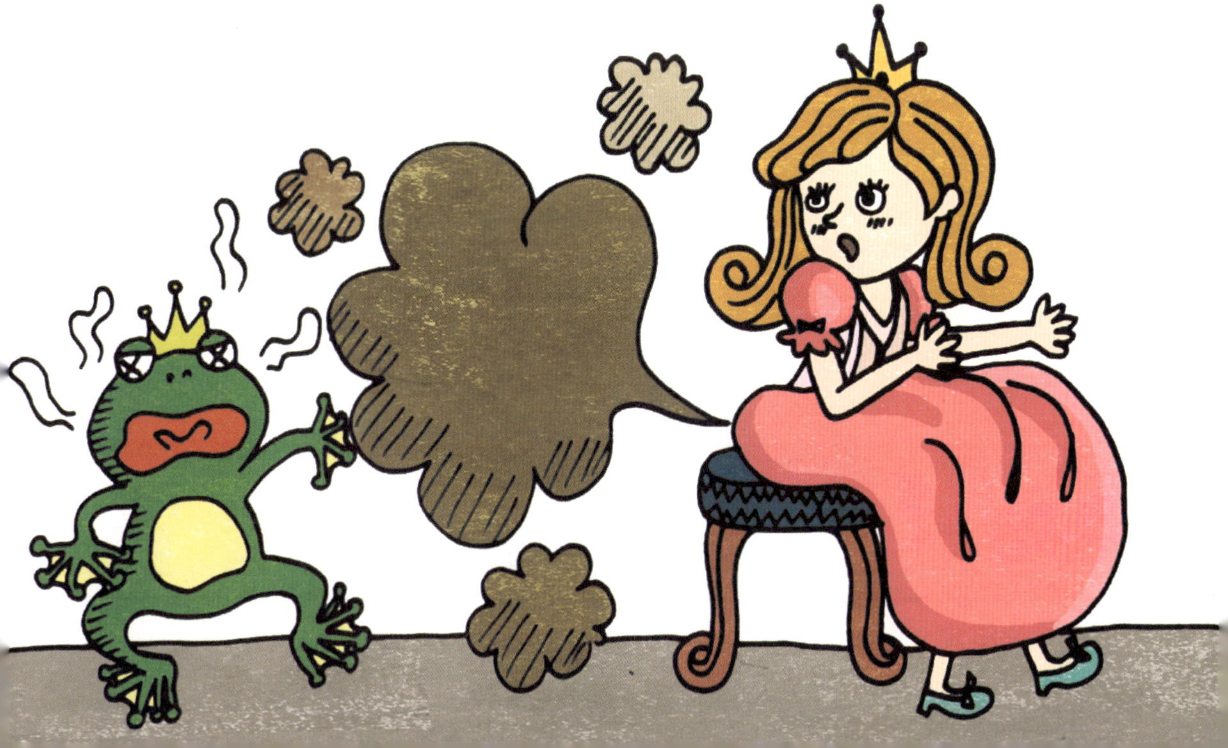

 **더 궁금한 과학 상식 57가지**

1. 선인장은 왜 가시가 있을까?
초식동물로부터 몸을 보호하기 위해서예요.

2. 선인장은 잎이 없을까?
가시가 잎이에요. 식물은 잎을 통해 수분을 증발시켜요. 사막에 사는 선인장은 잎을 통해 수분이 날아가는 것을 막기 위해 잎이 가시처럼 변한 거지요.

3. 과일은 왜 달콤할까?
식물은 광합성을 통해 영양분인 녹말을 만들고, 녹말이 익어가면서 단맛을 내는 당 성분을 만들어 내지요.

4. 나뭇잎은 왜 모양이 다를까?
사는 곳이 다르기 때문이에요. 추운 냉대 지방에 사는 나무들은 얼지 않기 위해 잎이 작고 뾰족해요. 크리스마스 트리에 많이 쓰이는 전나무처럼 말예요. 더운 열대 지방에 사는 나무는 잎도 크고 넓어요. 그래서 일 년 내내 쑥쑥 자라 키도 크지요.

5. 동물과 식물의 차이는 뭘까?

동물은 스스로 움직이고 알이나 새끼를 낳지만, 식물은 움직일 수 없고 씨앗으로 번식한다는 차이가 있어요.

6. 벌은 어떤 색 꽃을 좋아할까?

벌은 자주색, 노란색, 흰색, 파란색 등의 꽃을 좋아해요. 멀리서도 눈에 잘 띄는 색들이라 꽃을 쉽게 찾지요.

7. 나비는 무슨 색 꽃을 좋아할까?

나비는 붉은색과 주황색 등 화려한 색 꽃을 좋아해요.

8. 나방은 무슨 색 꽃을 좋아할까?

나방은 주로 밤에 활동하기 때문에 흰색과 노란색 등 밤에도 잘 보이는 색의 꽃을 좋아해요.

9. 사슴벌레의 턱은 어떤 일을 할까?

사슴벌레의 큰 턱은 나무껍질을 씹을 때 써요. 상대를 위협하거나 싸울 때도 쓰고, 짝짓기를 하거나 암컷을 붙잡을 때도 사용해요.

10. 혼인색이 뭘까?

동물이나 곤충은 짝짓기 할 때가 되면

몸 표면에 독특한 색깔이 나타나는데, 이것을 혼인색이라고 해요.

11. 동물 중 가장 똑똑한 것은 무엇일까?

돌고래입니다. 돌고래는 아이큐가 80 정도라고 해요.

12. 게는 딱딱한 껍데기 속에서 어떻게 자라지?

껍데기에 살이 꽉 차 더 이상 자랄 수 없으면 껍데기를 벗어요. 이때 새로운 말랑한 껍데기를 입고 있어요. 그 껍데기는 자라면서 점점 단단해져요.

13. 곤충과 벌레는 어떻게 다를까?

곤충이란 머리·가슴·배로 나뉘고, 다리가 6개 있어야 해요. 이 조건에 맞지 않으면 곤충이 아니에요.

14. 하루살이는 정말 하루만 살까?

수컷은 짝짓기가 끝나면 그 자리에서 죽고 암컷은 알을 낳느라 2~3일 정도 살아요.

15. 매미는 왜 울까?

짝짓기를 위해 울거나, 위험이 닥쳤을 때 자신을 보호하기 위해 소리를 내요.

16. 동물들은 왜 집을 지을까?

동물들은 새끼를 키우기 위해, 자신의 몸을 보호하기 위해 집을 지어요. 먹이를 구하기 위해 집을 짓기도 해요.

17. 애벌레는 어디에 살까?

애벌레는 사는 곳이 저마다 달라요. 나뭇잎이나 땅속, 나무 속에 살거나 물속에 살아요.

18. 딱따구리는 왜 나무를 쪼아 댈까?

먹이를 구하기 위해서예요. 나무 속에 있는 곤충이나 애벌레를 잡아먹거든요.

19. 두더지는 왜 땅속에서 살까?

두더지는 체온을 조절하는 능력이 떨어져서 땅 밖으로 나오면 온몸이 마비돼요. 땅속에서만 살아서 눈도 보이지 않고 귀도 들리지 않지요.

20. 기러기는 왜 V 자로 날까?

V 자로 날면 힘을 덜 쓰게 돼요. 뿐만 아니라 적이 공격해도 서로 부딪치지 않고 날 수 있어요. 앞도 잘 보이고 똥을 싸도 맞지 않아요.

21. 쇠똥구리는 왜 똥을 굴리는 걸까?

쇠똥구리는 쇠똥이나 말똥을 둥글게 굴려 쇠똥 경단을 만들어요. 그 속에 알을 낳고, 알은 쇠똥 경단 속에서 애벌레가 되고 쇠똥을 먹으면서 자라지요.

22. 박쥐는 새일까?

박쥐는 날지만 새는 아니에요. 부리 대신 이빨이 있고 새끼를 낳는 포유동물이에요.

23. 물고기는 어떻게 숨을 쉴까?

코로 숨을 쉴 수 없는 물고기는 아가미로 숨을 쉬어요. 아가미로 물속에 있는 산소를 빨아들이는 거지요.

24. 갯벌에 사는 새들은 왜 부리가 뾰족할까?

진흙 속에 숨어 있는 조개나 새우 등을 부리로 파서 잡아먹기 때문이에요.

25. 게가 거품을 내는 이유는 뭘까?

게는 물에 녹아 있는 산소를 아가미를 통해서 마시고 앞 끝 양쪽 구멍으로 물을 내뿜기 때문에 거품이 생겨요.

26. 바다에서 가장 빠른 물고기는 무엇일까?

가장 빠른 물고기는 돛새치예요. 시속 100~110킬로미터의 빠른 속도로 헤엄을 치지요.

27. 바닷물은 왜 짤까?

바다에 소금이 녹아 있어서 그래요. 비가 산과 들, 강 등을 거치면서 여러 가지 물질들을 가지고 흘러가는데, 그중 소금기인 염분도 있지요.

28. 바다는 왜 파랗게 보이는 걸까?

햇빛이 공기를 통과하면서 파란색만 반사하고 다른 색은 흡수하기 때문이에요. 하늘이 파랗게 보이는 이유와 같지요.

29. 물이 끓어오르면 왜 냄비 뚜껑도 함께 들썩거릴까?

물이 수증기로 변하면서 수증기가 공기 중으로 나가려고 하기 때문이지요.

30. 무지개는 왜 생기는 걸까?

햇빛이 공중에 떠 있는 작은 물방울에 닿아 반사 굴절할 때 일곱 빛깔로 갈라져 나오는 거예요.

31. 천둥과 번개는 동시에 발생할까?

천둥과 번개는 동시에 발생하지만 번개를 먼저 보게 돼요. 왜냐하면 빛이 소리보다 더 빨리 전달되기 때문이에요.

32. 얼음은 왜 손가락에 달라붙을까?

피부에 물기가 있기 때문이에요. 차가운 얼음을 잡으면 순간적으로 물기가 얼어서 손가락에 달라붙는 거예요.

33. 바람은 왜 보이지 않을까?

공기가 눈에 보이지 않기 때문이에요. 공기의 움직임이 바람이니까요.

34. 달이 왜 나만 따라오는 것 같을까?

큰 달이 아주 멀리 있어서 어디서든 잘 보이기 때문에 따라오는 것처럼 느껴지는 거예요.

35. 피부색은 왜 다를까?

피부 속 멜라닌 색소 때문이에요. 멜라닌 색소가 많을수록 피부가 까맣고, 적을수록 하얗지요.

36. 손가락에 왜 지문이 있는 걸까?

미끄러지지 않기 위해서예요. 물건을 집을 때 손가락 끝이

매끈하면 미끄러지니까요.

37. 할머니는 왜 주름이 많을까?
피부 속 수분이 빠져나가서 그래요.
피부에 수분이 부족해져서 건조해지고
주름이 생기는 거예요.

38. 왜 남자만 수염이 날까?
어른이 되어 가면서 남성호르몬이 만들어져
보드라운 솜털을 굵고 까만 수염으로 만드는 거예요.

39. 나이가 들면 왜 머리가 하얘질까?
노화로 인해 머리 뿌리에서 검은색을 만드는 멜라닌 색소를
만들어 내지 못해서 그래요.

40. 이는 왜 빠질까?
몸은 자라는데 이는 자라지 않기 때문이에요.
어느 정도 몸이 자라면 아기 때 이가 빠지고 그보다 크고 튼튼한 이가 대신 나오는 것이지요.

41. 손톱과 발톱, 머리카락은 깎아도 왜 안 아플까?
감각을 느끼는 감각세포가 없기 때문이지요.

42. 우리는 왜 눈을 깜빡이는 걸까?

눈이 건조해지는 것을 막거나 세균, 먼지 등으로부터 눈을 보호하기 위해 눈꺼풀이 자동으로 깜빡이는 거예요.

43. 눈썹은 왜 필요할까?

땀이나 빗물이 눈으로 들어가지 못하게 막고, 햇빛이나 먼지 등으로부터 눈을 보호하기 위해서지요.

44. 눈물, 콧물, 땀은 왜 짤까?

눈물, 콧물, 땀 속에 수분 말고도 아주 적은 양의 나트륨이 들어 있기 때문이에요.

45. 슬플 때는 왜 눈물 맛이 더 짤까?

슬플 때나 흥분했을 때 등 신경이 자극될수록 나트륨이 더 많이 배출되기 때문이에요.

46. 코털은 왜 있는 걸까?

콧속으로 들어오는 공기 중에서 먼지와 세균 등을 걸러 내기 위해서지요.

47. 배가 부르면 왜 졸릴까?

위와 창자 같은 소화기관이 음식을 소화시킬 때

피가 소화기관으로 몰려, 뇌에는 평소보다 적은 피가 전달돼요. 피 속에는 산소가 들어 있는데 피가 적게 전달되니 산소가 부족해져서 하품이 나고 졸리는 거예요.

48. 방귀는 참으면 사라질까?

참는다고 방귀가 사라지는 것은 아니에요. 큰창자 안에 그대로 머물러 있다가 다음에 뿡 하고 나오지요.

49. 멍은 왜 생길까?

피부 안쪽이 다쳤을 때 멍이 생겨요. 피부 안쪽 근육과 지방 부위에서 피가 났을 경우, 피가 근육과 지방 부위에 스며들어 멍이 든 것처럼 보이는 거예요.

50. 피딱지는 왜 생기는 걸까?

피가 나면 피 속에 있는 혈소판이 피를 굳게 만들기 때문이에요. 그래야 피가 몸 밖으로 빠져나가는 것을 막고, 세균이 들어오는 것을 막을 수 있지요.

51. 무릎 꿇고 있으면 다리가 왜 저릴까?

핏줄이 눌려 피가 안 통해서 그래요.

52. 피부도 자랄까?

머리카락이나 손톱, 발톱 등이 자라듯 피부도 자라요. 피부 세포가 자라면서 낡은 세포는 떨어져 나가지요. 1년 동안 새로 만들어지는 세포의 무게가 무려 5킬로그램이나 된답니다.

53. 얼마나 자야 할까?

유아는 10~13시간, 어린이는 9~12시간, 청소년은 8~10시간을 자야 해요. 적정 수면 시간을 지키지 않으면 비만이나 당뇨병, 어린이 우울증 등의 위험이 높아지지요.

54. 왜 내가 내 몸을 간질이면 간지럼을 타지 않을까?

뇌가 먼저 알고 있기 때문이에요. 내가 내 몸을 간질이려 할 때 손가락이 피부에 닿기도 전에 뇌가 그 느낌을 알고 간지러운 감각 반응을 취소시키는 것이지요. 하지만 다른 사람이 간질이려 할 때는 언제 어느 곳에 간지럼을 태울지 모르기 때문에 간지럼을 타는 거예요.

55. 눈썹은 왜 머리카락처럼 길게 자라지 않을까?

수명이 다르기 때문이에요. 머리카락은 자르지 않으면 2년에서 길게는 10년까지도 자라요. 하지만 눈썹은 수명이 3개월밖에 되지 않아요. 3개월 정도 된 눈썹은 자연스레 빠지고 새로운 눈썹이 자라나기 때문에 눈썹은 늘 짧지요.

56. 팔꿈치를 부딪히면 왜 찌릿 전기가 통하는 것 같을까?
팔꿈치 아래 신경이 지나고 있기 때문이에요. 그 신경이 자극 받아 찌릿한 느낌이 드는 거예요. 보통 다른 신경들은 피부 깊숙이 있지만 팔꿈치는 피부가 얇아 신경이 더 잘 자극 받기 때문이지요.

57. 입으로 분 풍선은 왜 하늘로 날아가지 않을까?
까닭은 공기보다 풍선이 무겁기 때문이에요. 입으로 풍선을 불면 풍선 안에 이산화탄소가 가득 차게 돼요. 풍선 안에 이산화탄소가 가득 차면서 풍선 밖 공기보다 무거워져 하늘로 날아가지 못하는 것이지요.

재미 톡톡 과학 퀴즈 정답

25쪽: ② 딸기
- 딸기는 줄기가 뻗어 나가면서 줄기에 있던 새싹에서 뿌리가 내려 새 열매가 열린다.

35쪽: ④ 흙

42쪽: ③ 개나리

53쪽: ② 흰개미

63쪽: ① 개복치
- 개복치는 작은 알을 한 번에 3억 개정도 낳는다.

73쪽: ① 장구애비
- 물 위에서는 그냥 숨을 쉬고 물속에서는 꼬리를 들어 꼬리의 숨관으로 숨을 쉰다.

80쪽: ③ 참노린재
- 개미가 좋아하는 단내를 풍겨 개미를 유혹해 잡아먹는다.

91쪽: ③ 해가 뜨는 반대쪽

101쪽: ② 물
- 5대 영양소는 단백질, 탄수화물, 지방, 무기질, 비타민

111쪽: ② 온도계

125쪽: ④ 4cm

135쪽: ② 1cm

145쪽: ③ 0.2~0.3초